これでわかる不登校

【監修】
鈴木正洋
ぶどうの会代表
市川宏伸
児童青年精神科医

成美堂出版

まえがき

２０１２年度における全国の小・中学生の不登校の児童・生徒数は約11万人でしたが、２０２２年度には約30万人と、10年間で約２・７倍も増えています。これは異常事態であるとともに、同じ数以上にわが子の不登校に悩み、戸惑いと不安を抱えながらつらい毎日を送る親たちがいることを表しています。

私も、長男が中学に入学して間もなく不登校になった「不登校の子どもの親」の体験者で、それがきっかけで２００６年、「ぶどうの会」（山梨不登校の子どもを持つ親たちの会）を、妻の鈴木はつみ（ぶどうの会事務局長）とともに立ち上げました。以来、夫婦で運営活動をしながら多くの親たちの相談を受け、毎月の親の会（定例会）は、オンラインを含めた参加者の親たちが切実な胸の内を語り合い、共感する場となっています。

多くの親がそうですが、不登校の初期の頃は、不登校になった「原因探し」や「学校に戻すためにはどうすればよいのか？」に躍起になります。しかし親の会の交流の中で、そうしたことは親が納得したいだけで意味がないばかりか、「目の前の子どもに寄り添う」という大切なことを遠ざけてしまうことを理解します。そうして親が適切な対応を学び実践し、子どもと向き合うことで、やがて子どもは「生きる力」を身につけ、立ち上がります。

本書では、「不登校の本質」や、子どもを回復に導く「適切な対応のノウハウ」、「回復過程の実際」を中心にまとめました。Part4では様々な状況の中で不登校の子どもと向き合い、出口を見つけた親たちの「声」（体験）も紹介しました。

本書を読み終えた親たちが「なるほど、そういうことだったのか！」と不登校を理解し、不登校の苦しみからの解放に役立てていただけることを切に願います。

最後になりましたが、不登校に伴い子どもの心身に表れる症状についてご解説いただきました児童青年精神科医の市川宏伸先生に、この場を借りて厚く御礼申し上げます。

ぶどうの会代表　鈴木正洋

Contents

Part 1

まさか！ わが子が不登校になるなんて

Part 2

子どもが「自力で立ち上がる」ための援助

Part 3

回復の過程と援助

Part 4

不登校を乗り越えた親たちの声

Part 5

児童青年精神科医が答える　不登校　心と体のQ＆A

Part 1

まさか！ わが子が不登校になるなんて

不登校のサインは、言葉、表情、行動に表れる

今まであまり子どもから聞かれなかったネガティブな発言や、眠れない・起きられないなどの睡眠の異変は、不登校の始まりのサインであることがよくあります。

◆親は軽く考えていたり気がつかないことも

子どもは不登校になる前に、様々なサイン（SOS）を出していることがあります。よくあるのが「自分はダメだ」といった自己否定的な言葉や、朝なかなか起きてこなくなったなどの変化です。そのとき親は、まさかわが子が不登校になるとは思っていないので「ちょっと疲れている？」「勉強が大変なのかも」「友達とケンカでもしたのかしら？」「睡眠不足だから」などと軽く考えたり、全く気がつかなかったりします。そうしてある日突然、登校を嫌がったり、あるいは体が動かなくなったりして、学校に行けなくなります。

自己否定的な発言

ダメ
無理
わからない
自分はダメだ
友達や先生に会いたくない
学校に行く意味がわからない
学校が怖い
Fail

見た目や行動の変化

- 眠れない
- 夜中までゲームをしている
- 食欲がない
- 話しかけても返事をしない
- 寝たままで、体が動かない
- 朝、起きてこない
- 頭痛や腹痛、微熱などの身体症状（23ページ）
- 表情がうつろ

このような**いつもと違う状態**を表しながら、
なんとか登校する子もいるが、限界に達し……

ある日突然不登校になる

新・一年生の登校渋り

入学したての小学一年生によくある登校渋りは、それまで経験のない環境（学校）に対する不安が理由であることが多く、通学し「学校は怖くない」とわかれば解消する。

「まさかわが子が！」と親は大混乱する

予期せぬ子どもの不登校に遭遇した親のほとんどは、現実を受け入れられず心は波立ち、動揺のあまり、目の前の状況を冷静に捉えることができません。

親は動揺し、混乱する
今までそんな様子はなかった
まじめに学校生活を送っていた
突然、不登校
ダメ 無理 会いたくない
グラグラ
親は、なぜ？どうして？
大混乱

◆多くの親が冷静さを失い、右往左往する

突然、わが子が不登校に……。それまで「不登校」という言葉は知っていても他人事だった親にすればまさに青天の霹靂《へきれき》です。「うちの子に限って」と、信じることのできない親は多くの場合、「学校に行かないのはおかしい」と登校を促します。それでも子どもが布団から出てこなかったり、「行きたくない」と泣いて抵抗したりして、ようやくわが子の不登校を現実だと認識します。

そうして「うちの子がなぜ？」というショック、「『普通』から外れるのではないか？」という不安など、様々な気持ちが入り乱れます。

特にそれまで無遅刻無欠席だったり、学級委員や部活動などをがんばっていたりする子の場合、ふだんの様子と不登校という状況が乖離《かいり》しすぎて、親の混乱はより大きくなりがちです。

うちの子に限って！
不登校が受け入れられず、今起きていることは正常範囲のことだと自分自身を納得させるために、不登校の理由をあれこれ考える。

次のような正常バイアスが働く

夜遅くまでゲームをして起きているから、朝起きられない。ゲームを取り上げれば問題ないはず。

よくない友達の影響で学校を休もうとしているのでは？

ちょっと疲れただけで、少し休んだらすぐに登校するだろう。

親は解決策を求めて、もがき、苦しむ

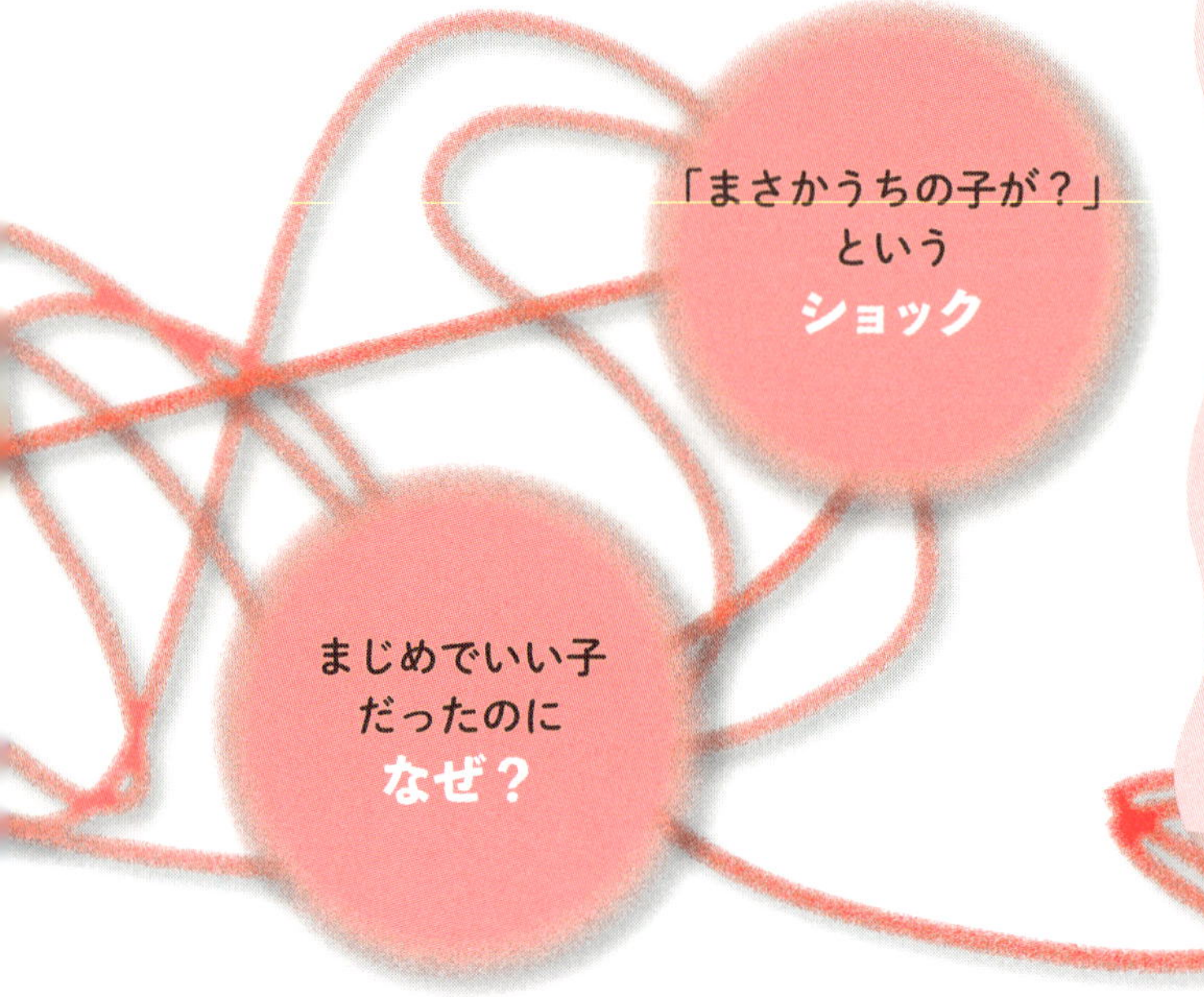
「まさかうちの子が？」
という
ショック
まじめでいい子
だったのに
なぜ？

冷静さを欠いているところにまわりの人たちからの意見が降り注ぎ、親は子どもを学校に戻すことや原因探しに躍起になります。でも問題は一つも解決しません。

◆悩みながら、学校に戻すための対応に走る

子どもが不登校になると親は「なぜ不登校になったのだろう？」と考える時間が長くなります。さらに「このままでは勉強が遅れ、進学できなくなる」「社会に出られなくなるのでは？」といった将来への「不安」「焦り」、「この子はもうダメなのではないか？」といった「絶望」などにさいなまれます。

さらにまわりからの「学校に行けない（普通のことができない）のは子どもや親に問題がある」といった暗黙の非難や真正面から意見されることに反応し、躍起になって学校に戻すための対応や原因探しに走ります。ところがこうした対応は、よけいに子ども

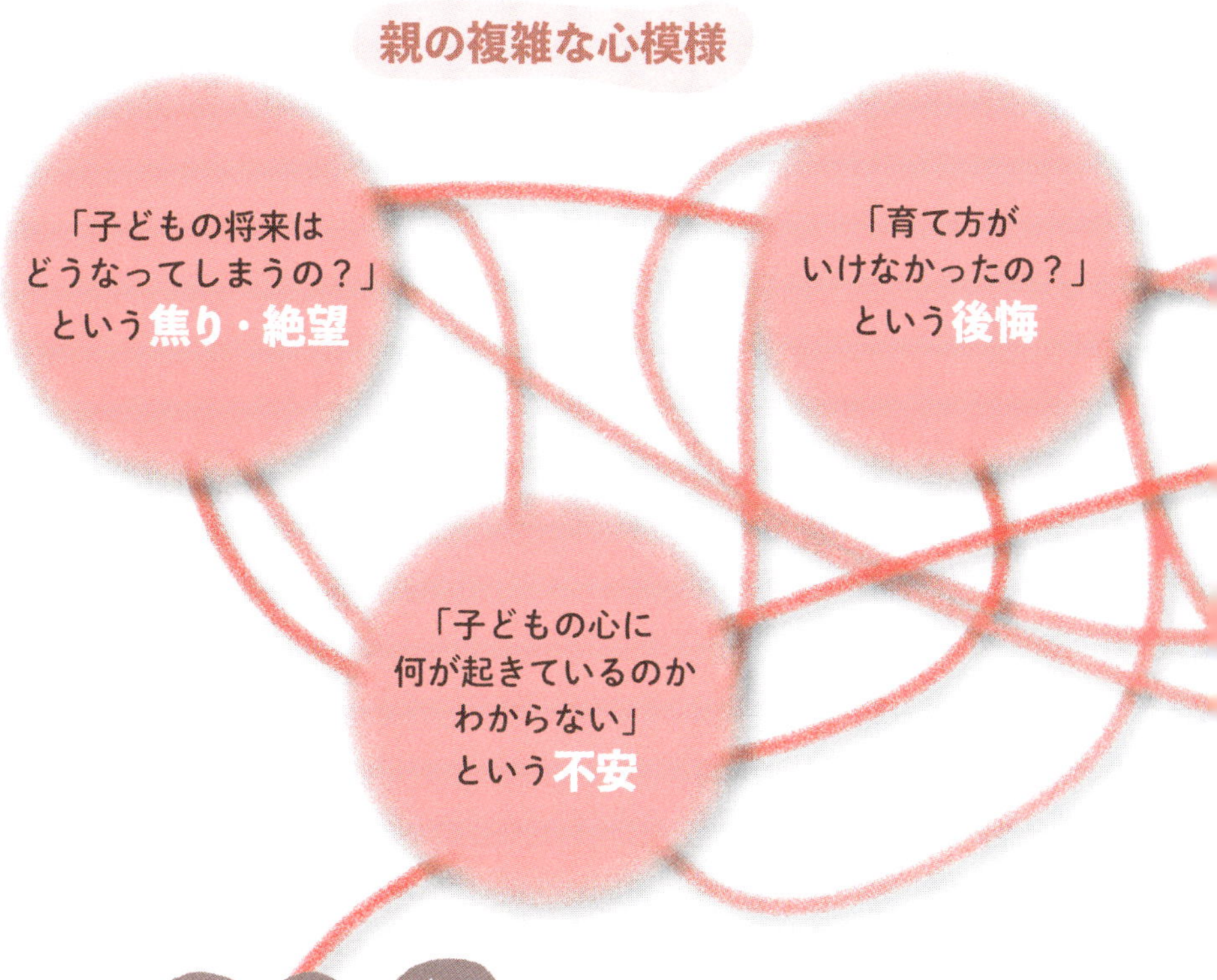
親の複雑な心模様
「子どもの将来は
どうなってしまうの？」
という焦り・絶望
「育て方が
いけなかったの？」
という後悔
「子どもの心に
何が起きているのか
わからない」
という不安

不安～
なぜ？

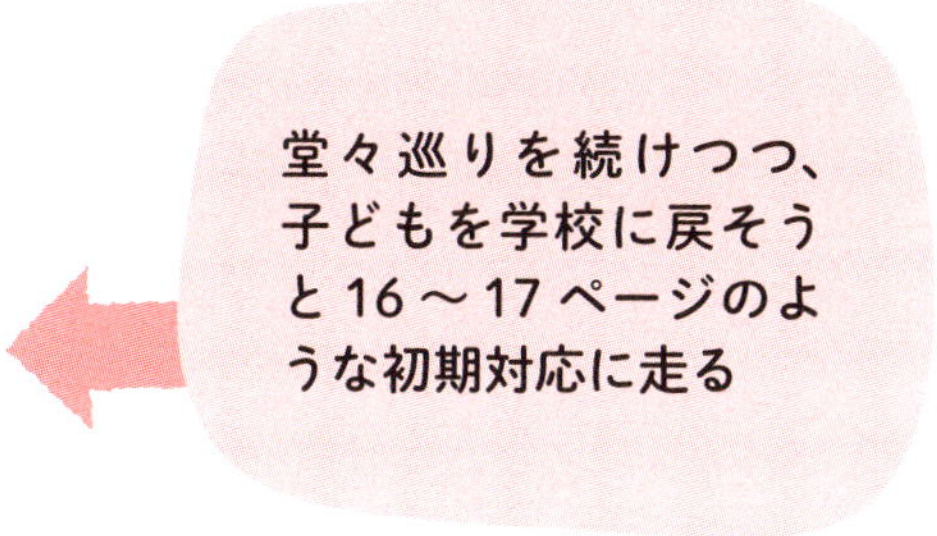
堂々巡りを続けつつ、
子どもを学校に戻そう
と 16 ～ 17 ページのよ
うな初期対応に走る

の心の傷を悪化させ、回復から遠ざけます。

子どもが不登校になったときにするべきことは、まずは重い病気やケガをした子どもに寄り添うような気持ちで「子どもをゆっくり休ませること」です。「学校に戻すための対応が、実は適切ではなかった」とわかるのは、親がようやく子どものつらさを理解して、子どもと向き合うことができるようになってからであることがほとんどです。

わが子が不登校！

そのときやってしまいがちな親の対応

子どもの不登校を経験した親の行動から、ありがちな初期対応をあげました。今まさに子どもが不登校になり「私もやりそう」と「ヒヤリ！」とした方はブレーキを。

「怠けている」と
叱責する
「なぜ？」
「学校の何が嫌なの？」
と追及する
嫌がっているのに
無理に学校に連れていく
学
校
「勉強が遅れても知らないから」と
突き放す

「きょうだいや友達は
登校しているのに」と
他の子と比べる

先生や仲のよいクラスメイトに
迎えに来てもらう

「お願いだから学校に
行って」と
泣き落とす

「がんばれば行けるから」と
励ます

ベストな対応は……

不登校は子どもが傷ついた心を守ろうとするための自己防衛反応。

まずは家で
ゆっくり休ませる

（詳しくは 46 ページ）

注意　不登校の本質を正しく理解できていないと、学校を休ませることに対して、「不登校を手伝ってしまう気がして……」という罪悪感を抱きやすい。これは「普通の子は学校に行けるはず」という固定観念による影響が大きいため。

詳しくは次ページで

「不登校」とは、学校に行きたくても行けない状態

「子どもが自分の意志で学校に行かないのが不登校」と誤解されがちですが、不登校は正しくは「学校に行きたくても行けない状態」です。

不登校は、自分の心を守ろうとするための防衛反応
（詳しくは 20 ページ）

◆不登校になる理由は、誤解されがち

世間一般に不登校は「子どもの意志の弱さ」「がんばりの足りなさ」「怠け」などが理由としてあげられます。その根拠とされるのが「他の子は登校できるのに、登校できないから」でしょう。実際は、子どもは「学校に行きたくても行けない状態」「行かなければならないとわかっていても行けない状態」にあります。その背景には子どもが学校で毎日体験する過剰なストレスの積み重ねがあり、不登校はこのダメージから心と体を守るための防衛反応です。「不登校は子どもの意志の問題」という認識は、子どもをさらに傷つけ、追い詰めます。

子どものまわりの大人たちは、不登校をかなり誤解している

学校に
行けないのは
あなたの問題
本当は学校に
行きたいのに……

クラスメイトの親などまわりの大人

「他の子が登校できるのにその子だけできないのは、おかしい」といった「本人（家庭）が悪い」という**子ども自身や家庭に問題がある**という認識（32ページ）。

親

「うちの子だけなぜ？」と**原因探し**を始めたり、「なんとか学校に行かせなくては」と**躍起になったり**しがち。

子どもをさらに傷つけ、追い詰める

不登校は傷ついた心を守ろうとするための自己防衛反応

子どもの「学校に行かない」という行動は、怠けているのではなく、傷ついた心をそれ以上壊さないための自然な反応（自己防衛反応）です。

こんなことがストレスに

いじめや仲間外れ

友達との関係がうまくいかない、いじめられる、仲間外れにされる、など。子どもによっては、直接自分に関係なくても、友達が叱られたりいじめられたりしている様子を見るのがつらいことも。

勉強がわからない

苦手な教科がある、学習を理解していないまま授業が進んでしまうのでついていけない。

クラスになじめない

小学校、中学校に進学した、進級でクラス替えしたなど、新しい環境になじめない。

先生と合わない・指導や規律についていけない

先生に自分なりの考えを伝えても相手にされない、厳しい規律（校則）中心の指導についていけない。

◆繰り返しストレスを受けた末の退避行動

子どもが学校で受ける過剰なストレスとは、いじめ、仲間外れ、教師による強い叱責、厳しい規律（校則）の他、本人には直接関係なくても、友達がいじめられたり、教師に強く叱責されたりする様子を繰り返し見ることなど多岐に及びます。ストレスを回避する能力が未熟な子どもは、大人から見れば「大したことではない」と思うことでも深く傷つけられます。

子どもは心の傷を抱えながら登校しますが、学校で待ち受けているのは同じストレスです。毎日繰り返しストレスにさらされることで心の傷は深まり、これが限界に達すると本能的に心を守ろうとします。

不登校は、これ以上心が壊れないための「自己防衛反応」（あるいは退避行動）と説明すればわかりやすいでしょう。これは本能的な反応であるため、自分がなぜ学校に行けないのかわからない子どもも少なくありません。

心の傷を悪化させないために登校を拒否する（自己防衛反応）

不登校は、これまでの環境を改善して、今後、自分らしく生きるために助けてほしいというサインでもある

不安、自信喪失、絶望……。不登校初期の心を理解して

なんとかして学校に
行かなくてはいけない

どうして自分は学校に
行けないのだろう？

友達や先生は
自分のことを
どう思っているの
だろう？

不安、心配、葛藤

これから自分は
どうなるのだろう？

朝がこなければ、
学校に行かなくて
いいのに

悪い病気になれば、
学校に行かなくてすむ？

学校をやめさせられる
のかな？

不登校になった頃の子どもの心は、不安、自信喪失、絶望感などに押しつぶされそうです。親が考えている以上につらく、もがいていることを理解してあげましょう。

◆様々なネガティブ感情にさいなまれ、追い詰められる

学校に行けなくなった子どもは気持ちが不安定になり、上にあるような様々なネガティブな感情に押しつぶされそうになります。なぜ学校に行けないのか自分でもわからない子も多く、自分から理由を吐露することもあまりありません。心因的な影響は頭痛、腹痛、吐き気、微熱、動悸などの身体症状となって表れることもよくあります。子どもは学校に行きたくても行けずに困っているのに、まわりから「学校に行かない困った子」と誤解されることも、さらに子どもを追い詰めます。

両親、先生に見捨てられるかもしれない

学校に行けない
自分は落伍者《らくご》

生まれ変われるものなら生まれ変わりたい

自信喪失、自責の念、絶望

進級、卒業、進学もできず、将来仕事にも就けない。結婚もできない

家族に心配をかけて申し訳ない

どうすればみんなのように学校に行けるのか教えてほしい

様々な身体症状が表れることも

微熱、倦怠感、頭痛、吐き気、嘔吐、下痢、動悸や息苦しさ、脱毛、かゆみなどの皮膚症状など様々な身体症状が表れることもある（150ページ）。小児科や内科を受診しても、「問題なし」と言われることが多い。

もどかしさや心配から、親は「何を考えているか教えて」と問い詰めてしまいがち。でも子どもは答えるどころではないほど心が傷つき、疲弊している。

「普通は学校に行ける」という固定観念は払拭して

親が「学校に行くことは、どの子にもできる普通のこと」という固定観念に捉われたままでいると、「子どもを休ませる」という望ましい対応を遠ざけてしまいます。

親が抱きがちな固定観念

学校に行くことは
子どもの義務
（あるいは仕事）

少しぐらい嫌なことがあっても、
学校に行きさえすれば
なんとかなる

注意 **義務教育の意味を取り違えないで！**

小・中学校の「義務教育」の意味は、「子どもは学校に行くべき」というものではなく、大人や社会が子どもの教育を受ける権利を守るという意味です。つらくて登校できない子どもに「義務だから」と登校させることではありません。

◆圧力で登校させても子どもの傷を深めるだけ

不登校に対して多くの親が持つのが「自分は学校に行けていた」「他の子はみんな行けている」といった「学校に行くのは普通のこと」という固定観念です。これが「普通のことだから、ちょっとがんばれば登校できる」「学校に連れていけさえすればなんとかなる」と、登校刺激（26ページ）につながります。でも、「学校に行くこと＝普通のこと」ではありません。登校刺激などの圧力によって子どもが再登校しても心の傷は悪化するだけ。やがてまた学校に行けなくなります。固定観念を手放すことが、親が最初にやるべきことの一つです。

固定観念は「普通のことができない子はダメな子」という偏見とも似ていて、なんとかして子どもを普通の枠に入れようとする。

ありがちな行動

登校刺激

無理に起こす、先生に迎えに来てもらうなどして、登校を促す。

原因探し

「不登校の原因は何？」と延々と考えて、原因を探し求めようとする。

学校に戻すための方法を探る

カウンセラーなどに相談し、できるだけ早く学校に戻す方法を模索する。

親が固定観念を持ち続けていると「子どもと向き合う」という大切なことに気づかないまま、マイナスな対応を続けてしまう

親の焦りが「登校刺激」という圧力に変わる

子どもが不登校になると、親は「とにかく学校に戻したい」という焦りから「登校刺激」というマイナス行動に走りがちになります。

◆ケガをしているのに無理に動かすようなもの

子どもが不登校になったとき、まっ先に親がやってしまうのが登校刺激です。これは子どもに学校に行くよう促す働きかけすべてを示し、左にあげた例の他に、心配そうなまなざしを送るなど、親が自覚しにくいものも含まれます。「早く学校に行ってほしい」「将来が心配」といった親の不安や焦りゆえの行動です。しかし子どもにとっては圧力以外の何物でもありません。例えて言うなら、登校刺激は、脚をケガしたばかりで歩けない子に「無理してでも歩きなさい」「歩くことは訓練」と言い聞かせ、ケガの回復を遅れさせるようなものです。

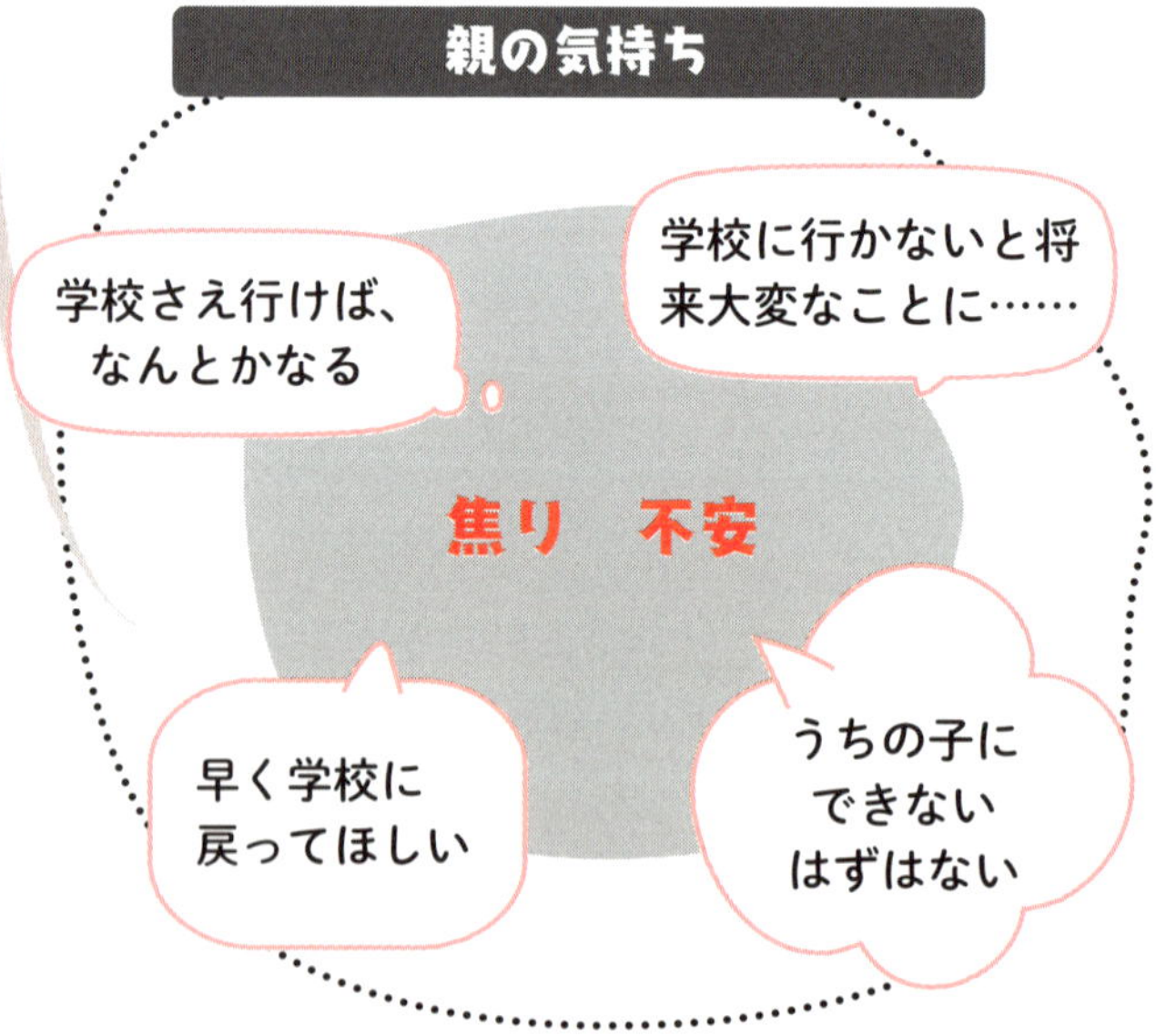
親の気持ち
学校に行かないと将来大変なことに……
学校さえ行けば、なんとかなる
焦り　不安
うちの子にできないはずはない
早く学校に戻ってほしい

登校刺激 例

朝、無理やり起こして
学校に行かせようとする

「朝、起きられないのは
睡眠時間が短いから」と
早く寝かせる

遠足や文化祭など
楽しそうな学校行事に
参加するように促す

先生に連絡して
家庭訪問に来てもらう。
あるいは仲のよい友達に
朝、迎えに来てもらう

クラスメイトに家に
遊びに来てもらう

「学校に行かないと
勉強が遅れるよ」と
はっぱをかける

注意 「少しぐらい嫌なことがあっても学校に行けば慣れる」「なんとかなる」という考えから登校刺激を繰り返すことがある。また、本人もがんばって登校してみることも。しかし学校で受ける不快な刺激に慣れはなく、慣れるどころか心の傷に塩をすり込む、あるいは雑菌にさらして悪化させるようなもの。

不登校の「原因探し」にこだわらないで

登校刺激と同様に、親が陥りやすいのが不登校の「原因探し」です。必死に原因を探しても、解決の糸口は見つかりません。

原因探しは子どもだけでなく、まわりの人に波及することも

子どもに不登校の原因を聞いても明確な回答が得られないと、先生やクラスメイトにヒアリングするなど、まわりの人の話から原因を特定しようとすることもある。

不登校の原因がわかり
取り除いたとしても
心の傷は回復しない

◆不登校の原因を見つけて、取り除いたとしても……

わが子が突然不登校になると、「原因を明確にして、それを取り除けば再登校できるようになる」と思いがちです。例えば不登校のきっかけが「いじめ」であれば、担任の先生に相談して該当の子どもを指導してもらい仲よくさせれば、一時的に再登校できるかもしれません。ところがいじめられた子どもの心の傷は回復していませんし、「またいじめられるかも」といった不安や恐怖から、再び不登校になることもあります。

また心の傷は、学校のことを思い出すだけで刺激され、悪化するため、親から繰り返し理由を問われるのはつらいこと。たしかに不登校の原因を見つけて対応することは、のちに子どもが再登校でき、その後も安心して登校するためには大切なことです。しかし今はそっとして、子どもから原因について話せるようになるまで待ちましょう。

さらに問題が！

子どもを追い詰める

なぜ学校に行けないのか子ども自身もわからず、うまく答えられないのに、原因について繰り返し聞かれても、子どもは追い詰められるだけ。

親が子どもの気持ちに寄り添えない

原因探しは、いつの間にか親が納得を得るためのものになり、子どもの気持ちから目がそれて、寄り添えなくなる。

心の傷の悪化

不登校の原因になったきっかけを思い出すことで、心の傷が進行し、悪化する。

子育てや家庭の中に原因を探すことも×

子育てや家庭環境に不登校の原因を探し、特定して、自責の念から抜け出せないこともよくあります。過去を振り返り落ち込むより、まずは子どものつらさに寄り添えることが大事です。

◆親が自分自身を責めても子どもは楽にならない

不登校の原因探しは「育て方が悪かった?」「甘やかしすぎた?」「仕事が忙しかった?」など、これまでの子育て全般や家庭生活にも広がります。そしてあれこれ悩んだ末、「私のせいで不登校になってしまった」と結論づけ、自分を責め始めます。さらに祖父母から「甘やかして育てたから」などと追い打ちをかけられ自責の念が強まることもあります。

しかしいくら親が悩んでも子どもは楽にならないばかりか、そんな親を見て子どもは「自分は親を苦しめるダメな人間だ」と卑下したり、自分自身へのいら立ちを募らせたりすることもあります。

こんなことも不登校の原因と思うことも

ひとり親だから・経済的に苦しいから

「ひとり親家庭の子は不登校になりやすい」は、昔からある世間一般的な先入観。「寂しい家庭だから」「離婚して子どもが傷ついたから」など、辻褄の合いそうな理屈が並べられ、親自身も「不登校になったのはひとり親だから」と肯定していることもあります。また「塾に行かせられない」「流行りの服を買ってあげられない」などの経済的な事情から子どもが卑屈になり不登校になったと考えることも。

原因探しを続けても……

親が原因探しに専心しても、子どもの心は離れるばかりか、自分を責めるようになる。

仕事が忙しくて、向き合えなかったから？
育て方が悪かったから？
過干渉だったから？
なぜだ〜
親
過保護にしたから？
etc……
心の壁
お母さん（お父さん）は私のことをわかっていない
子ども
お母さん（お父さん）を苦しめている自分はダメだ
原因探しにこだわると、後悔や自責の念から抜けられない。「改善点は今後に活かす」というように、気持ちを切り替えて。

まわりの人の言うことに親は振り回されないで

世間に浸透している「不登校の原因が子ども自身や家庭にある」という考え方は、第三者が都合よく解釈しているだけ。それに振り回されないことが大切です。

◆子ども自身の問題？保護者の問題？

不登校に対するまわりの反応は、「がんばりが足りないのでは？」「甘やかして育てたのでは？」などです。そこにあるのは「学校に行くのはあたり前のこと。それができない子どもや親にも問題がある」といった自己責任論です。

しかし不登校の本質は、自分の心を守ろうとする本能的な自己防衛反応です（20ページ）。子どもはなぜ学校に行けないのか自分でもわからない、心と体が乖離《かいり》したような状態にあります。親がこうしたことを理解せず、まわりの意見に振り回されると子どもはさらにつらくなり、回復から遠のきます。

親の問題としていわれること

「不登校は子ども自身の問題」という認識とともに「不登校になるのは親の責任」ともよくいわれ、親を苦しめます。

不登校になるのは育て方が悪いから
共働きで、子どもに目がいかないから
きょうだいが多いから
甘やかして育てたから

子どもの問題としていわれること

世間一般に「その子に問題があるから不登校になる」という考え方が浸透しているため、偏見の目で見られることもよくある。

もともと
怠け癖がある
のでは？
意志が弱い
から
協調性が
足りない
から
内向的な性格
だから
何か
精神的な問題が
あるのでは？

子どもが悪い
親が悪い
ではなく

不登校は、子どもが

自分の心を守ろうとする反応

（自己防衛反応）の表れ。

子どものせいでも親のせいでもない

心の傷の構造を理解して親は子どもを守るに徹して

心の傷の構造を理解すると、親がまわりの意見の影響を受けて子どもに対応することの問題が浮き彫りに。これ以上、心の傷を悪化させないためにも、親は全力で子どもを守る気持ちで寄り添って。

他人の意見に親が影響される

親がまわりの意見の影響を受けることでわが子を否定的に見て、学校に戻そうと躍起になる。

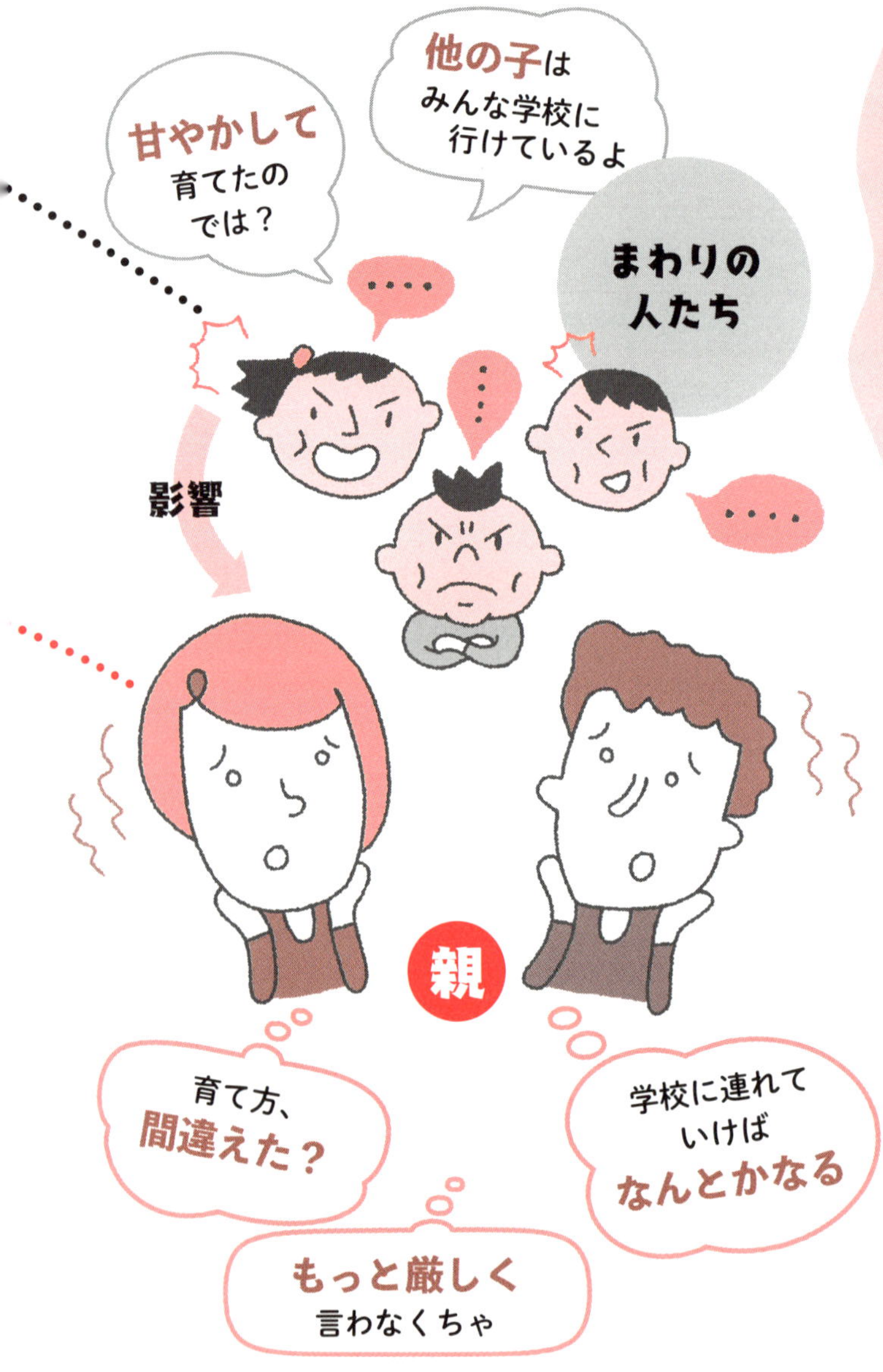

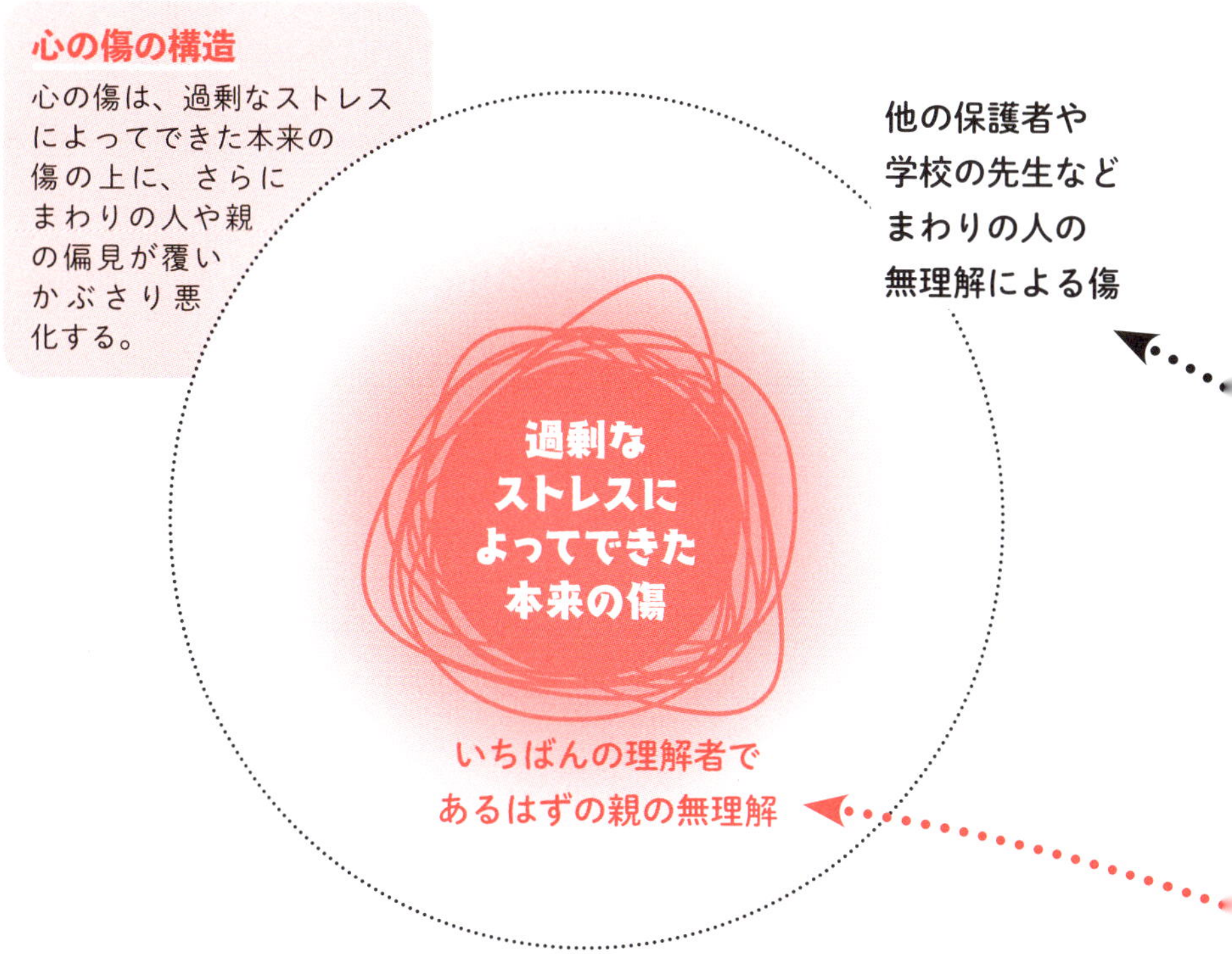
心の傷の構造
心の傷は、過剰なストレスによってできた本来の傷の上に、さらにまわりの人や親の偏見が覆いかぶさり悪化する。
他の保護者や学校の先生などまわりの人の無理解による傷
過剰なストレスによってできた本来の傷
いちばんの理解者であるはずの親の無理解

◆本来の傷の上に、無理解と偏見による傷ができる

心の傷は、外傷のように痛みとして感じるものではないため、子どもは傷そのものを認識できません。そのため「自分でもなぜ学校に行けないのかわからない」「朝になると体調が悪くなり登校できない」といった、心と行動が伴わない状況になります。これがまわりの人の目には「怠け」「仮病」に映り、言葉の矢となって放たれます。

親が言葉の矢に影響されると子どもを否定的に捉え、およそ回復とは真逆の対応をしてしまいます。すると心の傷は、本来の傷の上に新たにまわりの人や親の無理解、偏見による傷が覆いかぶさるわけですから、より悪化します。

親は子どもの心の傷を理解して、まずは無理解と偏見を捨て、子どもに寄り添いましょう。そうして無理解と偏見による上側の傷が回復すると、子どもは少しずつ本来の傷と向き合えるようになります。

不登校は、爆発的に増えている

増え続ける不登校は「わが子だけ」の特別な話ではありません。教室外登校など、不登校傾向が見られる子も増加しています。

不登校児童生徒の推移

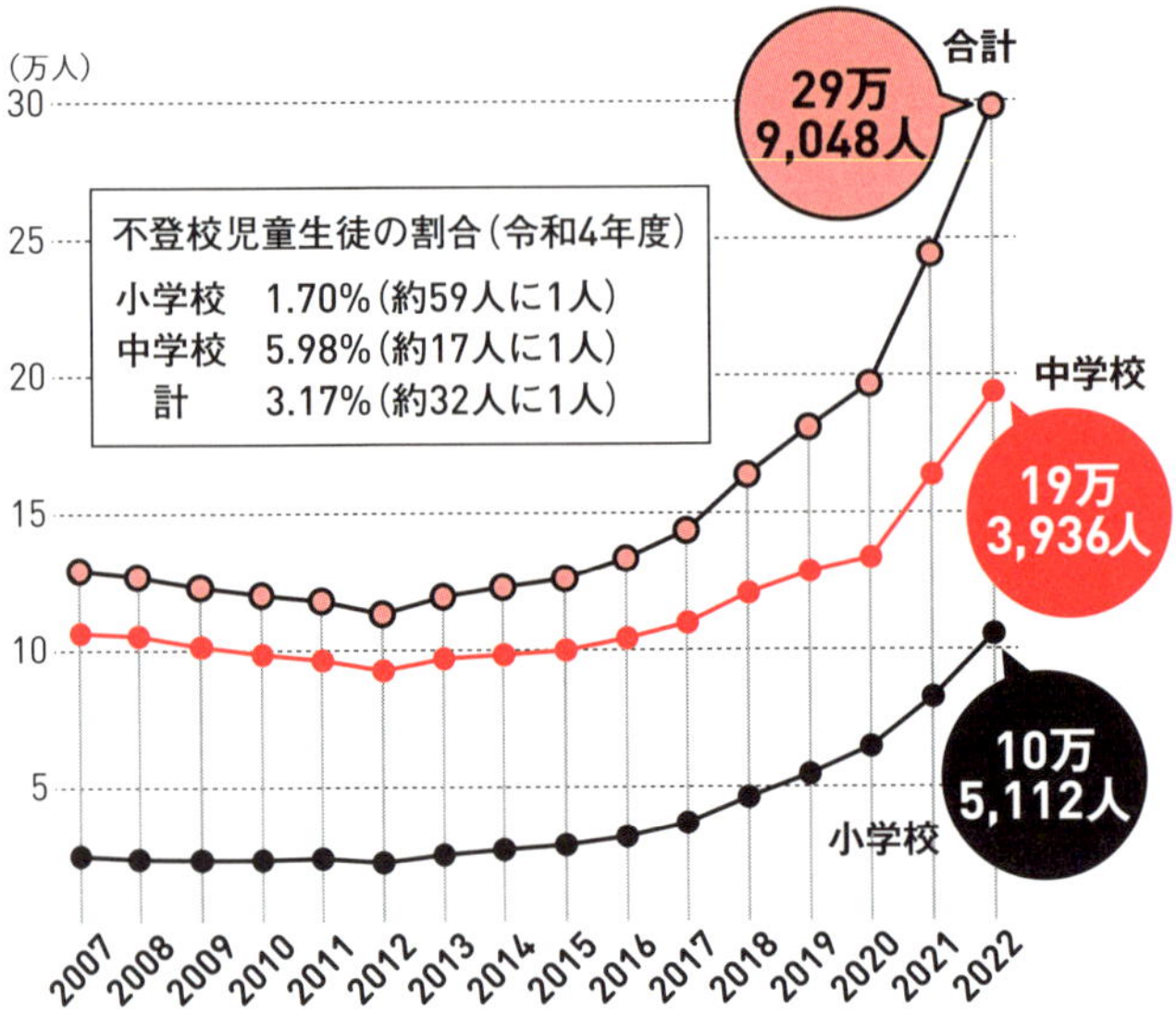

（万人）
30
25
20
15
10
5
合計
29万9,048人
中学校
19万3,936人
小学校
10万5,112人
不登校児童生徒の割合（令和4年度）
小学校　1.70%（約59人に1人）
中学校　5.98%（約17人に1人）
計　3.17%（約32人に1人）
2007
2008
2009
2010
2011
2012
2013
2014
2015
2016
2017
2018
2019
2020
2021
2022

出典：令和4年度　児童生徒の問題行動・不登校等生徒指導上の諸課題に関する調査結果（文部科学省）。

近年、不登校は異常に増えている

2012年度	11万2,689人	6,928人
2013年度	11万9,617人	
～		
2016年度	13万3,683人	1万348人
2017年度	14万4,031人	
～		
2021年度	24万4,940人	5万4,108人
2022年度	29万9,048人	

年次増加人数（小・中学合算）を見ると、2012年度～2013年度で6,928人増だったのに対し、2021年度～2022年度では5万4,108人増となっている。

不登校傾向が見られる子も増加している

文科省の不登校の定義にあてはまらない「不登校傾向が見られる子」（右下）は小・中学生ともに増え、中学生を対象にした調査では、不登校傾向にある生徒は2018年で約33万人※1、2022年で約42万人※2。

※1　日本財団「不登校傾向にある子どもの実態調査」（2018年）による。
※2　認定NPO法人　カタリバ「不登校に関する子どもと保護者向けの実態調査」（2022年）による。

文科省による不登校の定義にあてはまる子　年間に連続、または断続して30日以上欠席した児童・生徒のうち、なんらかの心理的・情緒的・身体的、あるいは社会的要因・背景により登校しない、あるいはしたくともできない状況にある者。

不登校傾向が見られる子

教室外登校　登校はするが教室には入らず、保健室や図書室などで過ごす。

部分登校　登校しても遅刻や早退、保健室の利用も多い。

仮面登校　登校して教室に入るが、授業とは別のことをしているなど、心の中では「学校にいたくない」と感じている。

◆中学生はもとより、小学生の不登校も増えている

文部科学省の定義では、不登校とは年間に連続または断続して30日以上欠席した児童・生徒のうち、なんらかの心理的・情緒的・身体的、あるいは社会的要因・背景により、登校しない、あるいはしたくともできない状況にある者（ただし病気や経済的理由による者を除く）とされています。

昔から不登校になる児童・生徒は一定数いましたが、近年その数は増え続け、とどまることを知りません。不登校は小学生より中学生のほうが多い傾向ですが、小学生も急激に増えています。

「不登校傾向が見られる子」も増加し、中学生を対象にした調査では、教室外登校（42ページ）が多かったり遅刻や早退が多かったりする子も増えています。

ストレスフルな成育環境が不登校の温床に

「勉強がわからない」「毎日宿題が多くてつらい」など、子どもの成育環境はストレスフル。学校も親が想像するよりはるかに厳しい環境であることを理解して。

◆不登校の背景にある息苦しい成育環境

子どもは本来、自然の中での仲間遊びから五感を磨き、人間関係を学び、探求心を生かして学習に取り組んだりしながら、人として成長します。ところが「学び」は子どもの興味や探求心よりも、少しでも上位の学校を目指すことが、多くの場合優先されます。

子どもは塾や習い事に忙しく、放課後の仲間遊びどころではありません。こうしたストレスフルな環境の中で芽生えた、「いじめ」「勉強についていけない」などの不快な刺激がきっかけとなり、「学校に行きたくても行けない状態」に陥ります。

本来の子どもの成育環境

●時間に追われず自由。自然の中での仲間遊びから様々な体験ができ、人として成長することができる。

実際の子どもの成育環境

時間と余裕がない

「毎日宿題がいっぱい」「夏休みは塾の合宿」など、過密なスケジュール。自由に好きなことを考えたり、チャレンジしたりする余裕がない。

テストのための学習

よい点を取る！

1ランクでも上の高校や大学に進むことが目的。子どもの評価は学力に左右されることが多く、テストの点数を取るために学ぶ。

いい学校に入る！

ストレスフルな環境

子どもたちの置かれた環境は、前後左右の車のスピードに合わせて高速道路を走るイメージ。緊張して疲れるが、スピードを落とすわけにいかない。

誰か助けて！

疲れた！

休みたい！

きっかけ

「いじめ」「勉強がわからない」「先生に理不尽に叱られる」など

学校に行きたくても行けない状態（不登校）

不登校になりやすい子どものタイプ

「不登校のなりやすさ」と「性格や意志の弱さ」は結びつけられて考えられがちですが、そうではありません。子どもらしく豊かな人間性を備える子ほど、不登校になりやすい傾向にあります。

こんなタイプが不登校になりやすい

ゆったりのびのび型

1 感受性が強い

自然や人に対して細やかで繊細な感情を持ち、人の気持ちを感じ取ったり共感したりする能力に優れている。

→

不登校になりやすい理由

人の気持ちを敏感に感じ取るため気を遣ったり、傷ついたりしやすい。友達がいじめられたり叱られたりすることを自分のことのように捉えて傷つくことも。

過剰適応型

親や教師の期待に応えてきた「よい子」「がんばる子」。

↓

不登校になりやすい理由

親や先生などに「がんばらされていた」というのが実際で、そのため弱音を吐いたり、誰かに甘えて依存したりすることができず「よい子」「できる子」に疲れ果て、登校できなくなる。

2 「なぜ？どうして？」のこだわりや探求心が強い

「なぜ、2×0は0なの？」など、疑問に思うことに納得するまで関わったり、幼少期から親の言うことに疑問を投げかけたりすることが多かった。

不登校になりやすい理由

先生に「なぜ？どうして？」をスルーされたり、学習もテストの点数を上げることが重要視されていることに失望し、ストレスに。

3 自分なりの「ものさし」（判断基準）を持っている

物事に対して自分なりの見解があり、「これは間違っている」「正しい」などと判断できる。

不登校になりやすい理由

担任の指導方針が納得できなかったりするとそれがストレスになり、教室にいることが苦痛になる。

◆「感受性、探求心、こだわり」など、本来の子どもらしさを備える

不登校になりやすい子は「繊細で優しく人の気持ちを汲むことができる」「まじめでがんばり屋」などといった傾向があります。

これは「ゆったりのびのび型」「過剰適応型」で説明することができ、ここに紹介しました。こうした本来の子どもらしさを持つ子は、現代の成育環境（38～39ページ）をストレスに感じると、学校に行きたくても行けなくなってしまうことがあります。

column

教室外登校（保健室登校）とは？

文部科学省による不登校の定義にあてはまらない子（37 ページ）の中に「教室外登校」があり、これは登校しても教室には入れず、保健室や図書室などで過ごすことをいいます。教室外登校は別名「保健室登校」とも呼ばれます。

問題なのは、本来まだ自宅で休ませなければならない子どもに、親や教師が「保健室でも学校にさえ行けばいいから」と登校を促すこと。保健室の他に、図書室や視聴覚室ということもあり、そうした場所で子どもは、与えられた課題をやるか、ただぼんやりと過ごすというのが実情です。

近年、教室外登校が増加し、教室外登校でも出席扱いになることがあります。出席扱いになるという理由で子どもを無理に登校させるのは心の回復を遅らせるだけです。回復が進み、子どもから「保健室でなら過ごせそう」と意思表示をしてきたなら、学校とよく相談して、検討するようにしましょう。

Part 2

子どもが「自力で立ち上がる」ための援助

適切に対応して、援助するために

不登校の問題は親がなんとかするのではなく、子どもの自主性を尊重し、自力で解決する力を引き出すこと、子ども自身の自己治癒力を信じることが、親の大切な役割です。

◆子どもの自主性、人格を尊重しているかどうか

不登校に適切に対応し、子どもを援助する大前提として、「子どもをどのような存在として捉えるのか？」という「子ども観」について考えておく必要があります。

子ども観には、わが子を「保護の対象」として見るものと、「権利の主体」として見るものとがあります。前者は、望ましい生活習慣を身につけるための「しつけ」や、よい学校に入るための「教育」が不可欠で、うまくいかない場合の責任は親にあるというものです。保護の対象とする子ども観のもとでは「～しなさい」「こうすれば間違いないから」と

子どもを保護の対象として見る子ども観

一流～
子どもを立派な大人にするのは親の役割

子どもの目線ではなく、親の価値観や考えを押しつけがち。子どもが不登校になったときも、子どもの気持ちよりも「学校に戻すこと」を優先してしまう。

親の考えを押しつけることが多く、「自分はこう思う」という子どもの自主性や内面的な成長、発達は軽視されがちです。

◆人格、自主性を尊重した考え方に変える

一方、子どもを「権利の主体」として見る子ども観は、子どもは学び・成長し発達する能力がある独立した人格を持った人間で、親などの家族や教師はこの能力を最大限引き出す役割を担い、子どもの人格や自主性を尊重するというものです。こうした子ども主体の考えのもとで不登校の子どもに接すると、子ども自身の自己成長力・自己治癒力（48ページ）を信じて「回復を待つ」という立場で対応できます。例えば「登校刺激はせずに休ませて、子どもが自ら気持ちを表現するまで待つ」というものです。これが不登校の適切な対応のベースになります。

子どもを権利の主体として見る子ども観

僕はこう思う
へぇ～
おもしろそう
こんなことがやりたい

不登校の対応の大前提は、子どもの人格、自主性を尊重した考えを持つこと

心の傷の回復に向けて学校を休ませる

子どもが登校を拒否したら「なぜ?」「どうして?」と聞くよりも、ゆっくり休ませること。ここからは、子どもを休ませることの意味や効果について、お伝えします。

◆子どもを「信じて、任せて、待つ」姿勢でいることが大切

子どもの傷ついた心は、家でゆっくり休ませることで少しずつ回復していきます。子どもが登校を拒否したら休ませてください。欠席期間が長くなると「このまま変わらないのでは?」と、暗澹《あんたん》たる気持ちになりがちです。そんなときは「今子どもは心の傷の治療期間」ということを再認識し、子どものいいところも悪いところもすべて受け入れ、「信じて、任せて、待つ」ことです。

子どもにとって、親に信じてもらえ、守られているという安心感は自己肯定感につながり、不登校を乗り越えて自力で立ち上がるためのベースになります。

親に信じてもらえることが、立ち上がるためのベースに

親：本当に大丈夫なのかな？（半信半疑）

子ども：学校を休むのはやっぱり悪いことだよね……（自己否定感）

↓

家にいても居場所がないようで心は不安定なまま。自力で立ち上がるための心の基盤ができにくい

親：大丈夫！信じているよ！

子ども：自分は間違っていない！

↓

すべてを受け入れてくれる親の存在は、子どもの回復力を強め、立ち上がるための強いベースになる

子どもの回復する力を信じて、休ませよう

学校で過剰なストレスを受ける
→ 心の傷
→ 不登校

先生に「家の居心地がよすぎると学校に来られなくなる」と言われ、戸惑う親もいる。しかし、もともと子どもは学校に行きたくても行けない状態。いくら家の居心地がよくても学校に行きたい気持ちに変わりはない。

×（無理をさせてでも学校に行かせる）

↓

心の傷は回復しないばかりか悪化して、状況は悪くなる

○（心の傷を癒やすために休ませる）

↓

子どもはやがて

自力で立ち上がる

初期対応で間違った方向に進まないことが大事

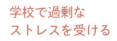

子どもに備わる「自己成長力」「自己治癒力」を発揮させよう

「自己成長力」と「自己治癒力」は、心の傷を修復し、人としての成長を遂げるために備わる大切な力です。子どもがこの力を十分に発揮できるために親ができることを知っておきましょう。

◆親は手を出さず、寄り添い援助して

「自己成長力」とはその名の通り、「自ら成長する能力」のことをいい、子どもは大人よりも旺盛な自己成長力を備えます。この成長力のおかげで子どもは自立し、大人になります。

「自己治癒力」とは、病気や身体のバランスを取り戻す力のこと。自己治癒力の発揮によって心の傷は、時間の経過とともに消失します。不登校で苦しむ子どもを見ていると、親はつい「自分がなんとかしてあげないと」と思いますが、親の役割はこの二つの力を信じて、十分に発揮できるように寄り添い援助することです。

親は「見守る」という姿勢で

つい「そろそろ学校に行きたい気持ちになった？」と聞いてしまいたくなるでしょうが、子どもが自ら気持ちを話すまで、親は見守ること。淡々とした時間の中で、子どもの自己成長力・自己治癒力が発揮され、回復に向かいます。

自分の足で歩む力

子どもに備わる「自己成長力」「自己治癒力」と「時間の経過」で心の傷は回復に向かう。子どもは困難を乗り越え、自分の足で歩む力をつける。

心の回復

時間の経過

自己治癒力
心の傷を修復する治療薬のようなもの。自己治癒力と時間の経過で傷は治癒する。

自己成長力
身体、精神、理性などすべての機能を含んだ「人間力」ともいえる総合機能。子どもは大人より旺盛な自己成長力を備える。

不登校

親は最大の援助者として子どもと向き合う

どうしても心配が先に立ち、専門家の意見を求めたくなります。しかし親の気持ちが不安定なままでは意見に流されるだけで、歩む方向を見間違えてしまいます。

家庭での援助のポイント

子どもが自己成長力、自己治癒力を発揮できる援助のポイントをまとめました。大切なのは、安心・安全で居心地のよい環境と、親子の信頼関係の構築です。

精神的に安定した状態にする

子どもが安心でき、学校のことを想起することのない快適な居場所（家庭）を作る（52ページ～）。

親子の信頼関係を回復して強化する

子どもを心配するあまり、親が子どもを腫れ物扱いするような緊張状態にあると、信頼関係は結べない。親は何があっても子どもを信じて受け止める姿勢でいること。

感情を自由に表現できるようにする

親が子どもの「喜び」「怒り」「悲しみ」「楽しさ」の感情を受け止めることは、子どもが気兼ねなく喜怒哀楽を出せるということ。これは自己肯定感の回復のためにも大切なこと。

◆親こそが子どもの最大の援助者であることを心得て

子どもが不登校になると、不安や焦りから親は教師やスクールカウンセラー、教育相談員などにアドバイスを求めることがよくあります。その場合、親自身では何も考えられず心は波立ち、物事を冷静に考える余裕と安定感を失っていることがほとんどです。そうした状態では「○○先生に言われたようにしなければ」と他力本願な対応になりがちです。専門家と連携することも大切ですが、「親こそが最大の援助者」であることを心得て、子どもを否定的に捉えたり、腫れ物に触るように接したりせず、「この子は必ず立ち上がる」と信じて真正面から向き合うこと。親に信頼されている安心感は子どもの自己成長力・自己治癒力を促進し、やがて子ども自身の力で回復します。

自分で判断し、行動できるようにする

親が決めるのではなく、「自分のやりたい気持ちに正直に行動してよい」ことを伝えて、子どもが自分の判断で決めて行動できる働きかけをする（58ページ）。

自宅では、学校を想起させない配慮を

心の傷の回復には、自己治癒力が十分に発揮できる居場所（環境）が不可欠です。家庭の中で学校を想起させるものや言動などに注意して、子どもの心を守りましょう。

休養が長期化するのは普通のこと

「いつまで待てばいいのだろう？」と思うこともあるでしょうが、それ自体が「早く登校させなくては」という焦りの表れ。これは子どもにも敏感に伝わります。「今は心の傷の回復に向けた治療中」「不登校の休養とはこんなもの」と、気持ちを楽にすることが、親子にとって大切です。

今は治療期間

子どもを信じる

焦らない

回復に必要なのは、

◆学校のことを思い出さない環境で休ませる

子どもを休養させるときは、学校の話題に触れないなど、学校を想起させることは避けるようにします。よくあるのが、様子を見に来てくれた友達を歓迎し、学校の様子を聞いたり、子どもに話しかけてもらったりすることです。

また子どもが一日中家にいると、つい悲観的な気持ちが働いて、「そんなに学校が嫌？」と聞いたり、急に「なんとかしないと」と思い立ち、担任の先生に家庭訪問を頼んだりすることもありがちです。

子どもは、心の傷の原因になった学校のことを思い出すだけで心の傷が疼き、回復を妨げます。

家庭は休養の場。学校を思い出さなくてすむ、子どもにとって最も安心できる居場所にするように徹底しましょう。

Bad!

再登校に向けた親の焦り

「先生に勉強が遅れた分の補習をお願いしなくちゃ」など、再登校後に備えた親の言葉の裏には、「早く登校してほしい」という焦りがある。子どもにすれば、いちばんの理解者であるはずの親がつらさを理解してくれないことに二重に傷つく。

親の否定的なまなざし

「つらいのはあなただけじゃない」「親の気持ちもわかって」。こうした否定的な気持ちは子どもを見るまなざしに表れやすく、子どもは親の気持ちを敏感に感じ取り心を痛める。

学校を想起させるもの

先生の姿を見ただけで条件反射のようにその場にうずくまって動けなくなることもあり、これは心の傷を進行させないための反応。教科書、ランドセルなどの「物」、クラスメイトや進級などの「話題」など、学校に関連するものは持ち込まない。

回復を妨げるので注意して！

親が快適だと感じる家庭が、子どもにとって居心地がよい

子どもにとって居心地のよい家庭とは、親自身が快適な居場所だと思える家庭です。子どもの不登校を機に、改めて家庭の雰囲気について考えてみるとよいでしょう。

◆なごやかで心の交流のある家庭で休ませて

子どもの心の傷が癒えるためには、家庭が安心してゆったり過ごせる雰囲気であることが大切です。これは特別に冷暖房を整えたり、子どもの喜ぶものを与えたり、食事の献立を子どもの好きなメニューばかりにすることではありません。なごやかな空気が流れ、心の交流のある家庭にすることです。

子どもが安心して過ごせる家庭（居場所）は、親にとっても居心地のよい空間です。夫婦の関係や親子関係がおだやかで楽しくできているか、子どもを否定的に見ていないかなどをときどきチェックして、気になることがあれば軌道修正しましょう。

子どもにとって家庭がいちばんの居場所

今は心の傷の治療期間と考えて、親は子どもが安心して休める居場所（家庭）作りを。

家にいると落ち着く
嫌なことがあっても家にいると安心できる

居心地は、よすぎるぐらいがいい

「家の居心地がよすぎると、よけいに学校に行かなくなるのでは？」と心配される人がいますが、安心して身を委ねられる親子（家族）関係があれば、心の傷が回復して、子どもは外に向かえるようになります。

子どもが心の傷を治し、行動できるようになるためには「今の自分でいいんだ」と感じさせてくれる居場所が大事

親は子どもの回復に向けた援助に徹する

休養中の不可解な子どもの言動も、子どもにとってはすべて意味のあることです。否定の意を込めた「なぜそんなことするの?」は言わずに、子どもの思いを汲み取って。

子どもの言動には意味がある

不可解に感じる子どもの言動は、「必要だから」「意味があるから」です。否定、意見、誘導、過干渉は、親子の信頼関係をこじらせます。

昼夜逆転

親の受け止め方
夜遅くまで起きているから昼間眠くなる。夜ちゃんと寝ていれば昼間起きていられるのに。

子どもの考え
雑音が多く、訪問者がある昼間より、家族が寝静まった静かな夜のほうが安心して自分のことを考えやすい。

家族との接触を避ける

親の受け止め方
何が気に入らないのかわからない。子どもの一挙一動に気を遣うようで疲れる。

子どもの考え
親に迷惑をかけている自分が情けなく、顔を合わせたくない。あるいは、親から「おかしい」という目で見られるのがつらい。

受け止め方を変えて！

「子どもの言動にはすべて意味がある」と考えると納得でき、否定や誘導をしなくなり、子どもは安心し、親子ともに落ち着いた対応ができるようになる。

◆子どもの気持ちを汲んで援助の仕方を考える

子どもが昼夜逆転の生活を送ったり、理由もわからず家族に八つ当たりしたりするなど、親はそれまでには考えられない変化に戸惑うこともよくあります。しかしこうした子どもの言動には必ず意味があり、例えば昼夜逆転は、静かな夜のほうがじっくり自分のことが考えられるためかもしれません。家族に八つ当たりするのは、登校できない自分の情けなさ、ふがいなさにつらくなるからという可能性もあります。

子どもの言動は「何を言っている（やっている）のか？」ではなく、「子どもの言動の背景にある思いはなんだろう？」という受け止め方をすると気持ちを汲みやすくなります。そして「どうしてあげたらよいか？」ではなく、「子どもはどうしてほしいのか？」と考えると、回復に向けた援助の仕方がイメージしやすくなります。

暴言・暴力、物に当たる

「なぜ生んだ？」「死ね」「親のせいで不登校になった」などの暴言や、物を投げたり壊したりする破壊行為の背景には、自分のふがいなさ、情けなさ、焦り、不安があり、それが受け入れられない二重の苦しみがあります。親は否定するのではなく、そうした子どもの気持ちに寄り添って接すると、子どもは荒れる必要はなくなります。ただし、身の危険を感じるほどの暴力があるときはその場から離れることも必要です。

自主性を育むために親ができること

親が子どもに指示してばかりでは、子どもの自主性はそがれます。命に関わることや犯罪に抵触すること以外はある程度子どもに任せ、自分で決める力を養うことも大切です。

親は「保護者」としての感覚から抜けにくい

親は子どもが社会のルールからはみ出さないようにしつけて、ケガや病気にならないように注意するなど「保護者」として関わってきました。そのため子どもに「〜しなさい」と指示する姿勢が染みついていて、「子どものことはある程度子どもに任せる」ということが苦手です。

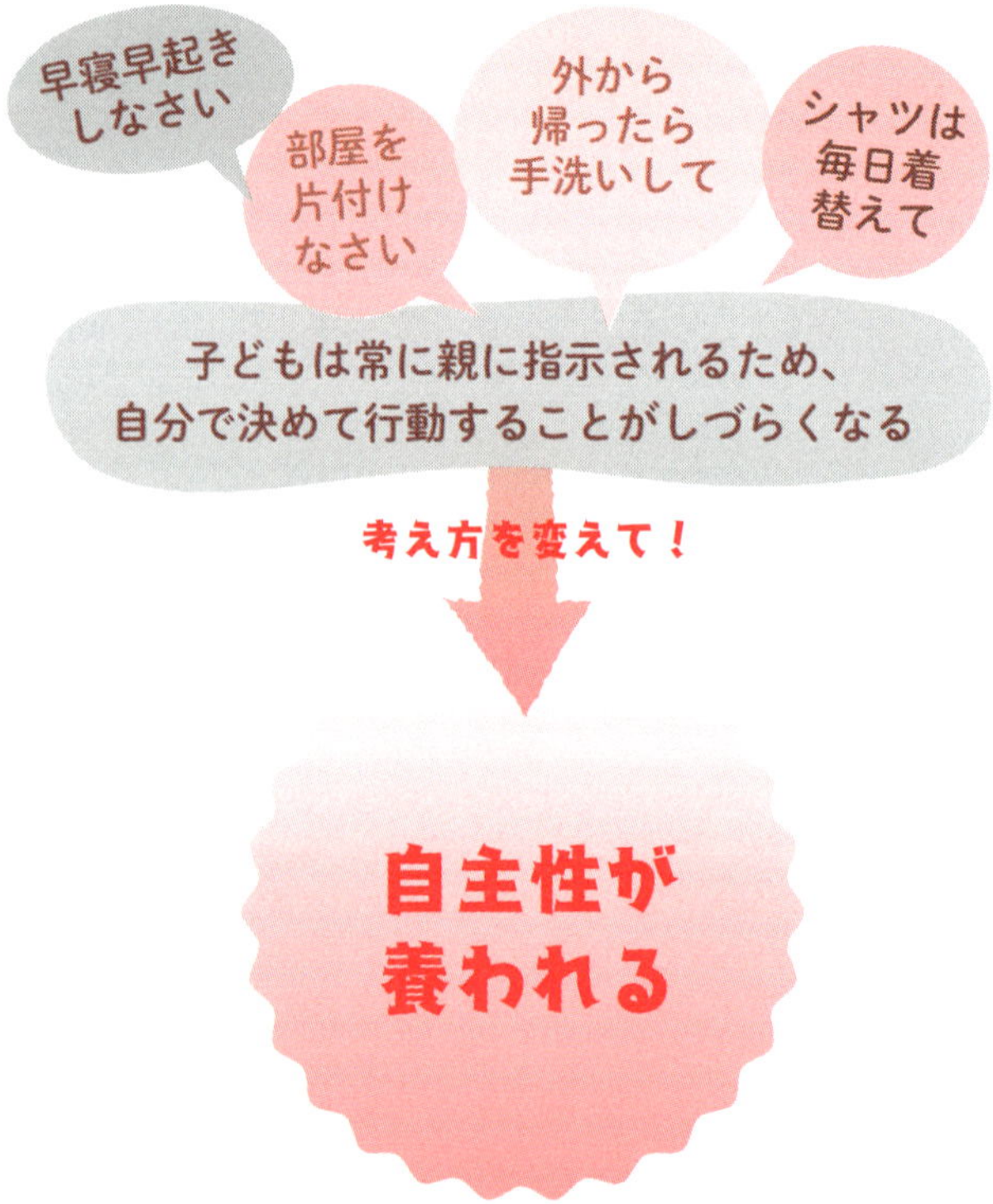

早寝早起きしなさい
部屋を片付けなさい
外から帰ったら手洗いして
シャツは毎日着替えて
子どもは常に親に指示されるため、自分で決めて行動することがしづらくなる
考え方を変えて！
自主性が養われる

例えば寒い日に薄着でいても、子どもにすれば意味のあること。それにより不都合なことが起きれば自分なりに解決策を考えて、行動する。

◆子どもがやることを否定せずに見守る

不登校の子どもの心の中を占めているのは、不安、絶望、自信喪失といったネガティブな感情です（22ページ）。そんな状態のところに親から、「早く寝なさい」「お風呂に入りなさい」「部屋を片付けて」などと指示されるのは「だからあなたはダメなのよ」と否定されるようなもの。子どもはさらに自信をなくします。

子どもの立ち上がりに必要なのは、自分のことは自分で判断して行動できる自主性です。この力がつけば、やがて子どもが「学校に行く」と考えたときに「自分で判断したこと」と自信をもって動けます。

自主性を持たせるためには、例えば子どもが何日も同じ服を着ていても「命に関わるわけではない」「子どもなりに意味があること」と捉え、否定せずに見守ること。やがて子どもが「着替えなければ」と思うことがあれば、自分の判断で着替えます。

親が手伝うときは促すアプローチで

例えば散らかった部屋の掃除を子どもに任せたいものの、本人がどうしていいのかわからないときがあります。そんなときは「お母さんはこのやり方がやりやすいけど、やってみる？」と促す言葉をかけると子どもは考え、「それでやってみようか」と気持ちが動きます。「やらされる」より「自分で決めてやった」という実績が、子どもの自信になります。

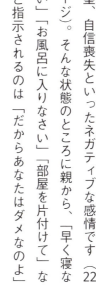

親は子どもの代弁者として学校に対応する

学校を休んでいる間も定期的に担任の先生と会って子どもの状況を伝え、学校と家庭とで協力し合える関係を構築しておきましょう。

◆担任の先生の理解を得て、登校するときだけ学校に連絡する手も

学校を休ませることにおいては、学校との連携が不可欠です。一度、担任の先生と会って、子どもを回復させるためにしばらく休ませることを説明し、理解を得ましょう。

連絡は、欠席連絡ではなく「登校するときだけ連絡する」に変えてよいかもしれません。その後は定期的に先生と会って、家庭での子どもの様子を伝えましょう。面談のとき先生から「そろそろ登校させては？」と促されると心が揺れるでしょうが、再登校するかしないかは子どもが自分の意志で決めること。子どもの回復が進み、再登校の言葉が出たら先

学校と対立しないこと

不登校の原因について、学校側が「家庭に問題がある」、親が「学校側の責任」と捉えている場合、対立しがちです。また、担任が経験の少ない教師の場合、「頼りにならない」と、いきなり校長先生や学年主任などに連絡するのもNGです。対立よりも協力できる関係づくりを。

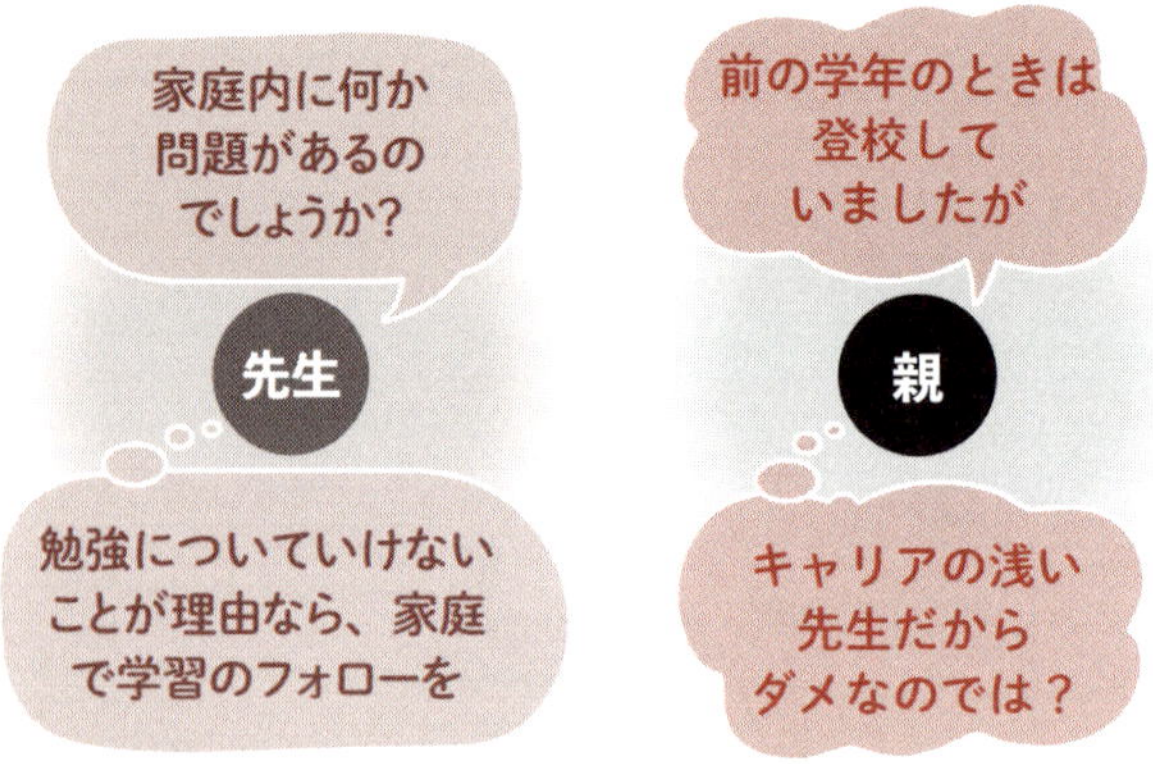
家庭内に何か問題があるのでしょうか？
先生
勉強についていけないことが理由なら、家庭で学習のフォローを
前の学年のときは登校していましたが
親
キャリアの浅い先生だからダメなのでは？

定期的に担任の先生と面談する

1、2カ月に1回程度のペースで、できるだけ夫婦で担任の先生に会って、子どもの状況を伝えます。ひとり親の場合、事情を理解している親友や身内などを伴うとよいでしょう。先生から「もう十分休んだから登校できますよね」など、見当違いの意見が聞かれても感情的にならずに「子どもの心を壊さないために無理はさせません」と、必要なことは勇気をもって伝えるようにしましょう。

生に話して、学校と親とで再登校を支援しましょう（92ページ）。間違っても子どもに「先生が心配して『そろそろ学校に来ない？』と言っていたよ」などと伝えないようにしましょう。

スクールカウンセラーなど専門家の意見の受け止め方

担任教師以外にスクールカウンセラーが同席することもあります。心理の専門家の助言やアドバイスを受けつつ、適切な対応と援助の中心は「親」であることを忘れずに、子どもの回復に活かしましょう。

スクールカウンセラーとは？

学校現場で、子どもや親の心理的なサポートを担う専門職。専門的な知識やスキルを駆使して、子どもや保護者に助言や指導を行う。

無理解な助言は、上手にかわして

遠慮のない祖父母などからの助言に傷つくこともあります。しかしそこはうまく折り合いをつけて、よき支援者になってもらうことにシフトして。

◆身内の場合、子どもを心配する気持ちは共通している

「怠け」「心の弱さ」「甘やかしすぎ」など、ストレートな意見が祖父母などの身内から発せられることはよくあります。決して傷つけるつもりはなく、子どもを心配する気持ちの表れでしょうが、受ける側は傷つきます。冷静でいられないこともあるでしょうが、子どもを心配する気持ちは同じです。「心配してくれてありがとう」とひと言添えて、昔に比べて今は学校に行けなくなる子が少なくないこと、中でも純粋で豊かな人間性に富んでいる子どもが不登校になりやすく、信じて任せて待つことで、必ず立ち上がることを丁寧に伝えましょう。

親しいクラスメイトの親などから助言を受けたら……

「フリースクールに行かせたら？」「親の責任だからなんとかしないと」など、クラスメイトの親などから助言を受けることがあります。不登校の本質を理解していない人の助言は、責められているような気持ちになります。ですがこれも善意と捉えて「心配してくれてありがとう。今は心の傷の治療中だから」などと、さらりとかわしましょう。

元気になって
登校したら
またよろしくね

心配してくれて
ありがとう。
元気にしていますよ

不登校に対する認識の違いが大きい

祖父母が子育てをしていた時代は、不登校の子どもはごくわずか。今とは状況がまったく違うのですから祖父母は戸惑い、話がかみ合わないのは無理ありません。

孫の支援者になってもらう

不登校について理解してもらう

子どもはずる休みしているわけではなく、学校に行きたくても行けない心の状態であることを丁寧に説明しましょう。進学もできるし、子どもは自分で未来を築けることも伝えましょう。

学校の話題は抜きで、孫と日常的な関わりを持ってもらう

心配のあまり、つい学校や勉強のことを孫に聞いてしまいがちですが、学校の話題は回復の妨げになると説明を。学校の話題から離れてもらって、一緒に食事をしたり家事を手伝ったりするなど、日常的な関わりを持ってもらうようにしましょう。

親が行き詰まらない、思い詰めないために

がんばりすぎると、親だってつらくなります。息抜きしたり、理解者に話を聞いてもらったりしながら、上手に気持ちをリフレッシュさせましょう。

親の心も揺れ動く

不登校の本質を理解して、子どもを全力で援助しようとしても、長期化するほど悶々とした気持ちになったり、将来を悲観的に捉えたりして前向きになれないこともあります。

毎日、子どもと過ごす

四六時中子どもと一緒にいれば、どんな人でもストレスがたまり、気持ちも下向きに。

子どものちょっとした言動も気になる

「呼んでも返事がない」「ドアの閉め方が乱暴」「ふてくされたような態度をとる」など、ちょっとしたことでも気になってイラッとする。

息が詰まる

どう対応してよいのかわからなくなる

頭では「子どものすべてを受け入れなければ」と思っても寛容な気持ちになれず、感情に任せて否定的な言葉を発したり、子どもにビクビクして、腫れ物に触るようにすることも。「ダメな親」だと自分を卑下することもある。

理解者に話を聞いてもらう

つらい気持ちは誰かに聞いてもらうと軽くなる。ともに子どもを支援する夫（妻）などの家族、あるいは不登校に理解のある知人でもよいので、つらい気持ちを吐き出して。

子どもと離れる時間を作る

子どもが小学校高学年以上なら、少しぐらい親が家をあけても問題ない。たまには自宅から離れて子どものことを忘れると、気持ちがリセットされやすい。低学年の場合は、家族の誰かが家にいるようにする。

◆一人で抱え込まず、理解者に気持ちを吐露して

不登校で家にいる子どもは「自分のせいで親につらい思いをさせている」「ふがいない自分が嫌だ」と引け目に感じています。無視をしたり、暴言が出たりするのはそのためです。一方親は、子どもの気持ちをわかっているつもりでも、子どもとずっと一緒にいることで息が詰まり、悲観的な気持ちになってつい子どもや家族に否定的な言葉を吐き、あとで自己嫌悪に陥るということもあるでしょう。

誰にも悩みを話せず、カウンセラーや心療内科をはしごしたり、高い費用を払って祈祷師のお祓いを受けたりした人もいます。大切なのは、一人で抱え込まず、ときどき子どもと離れる時間を作ったり、つらい気持ちを夫（妻）などの理解者に聞いてもらったりすることです。同じ立場の親たちで組織される「親の会」もありますので、検討してもよいでしょう（詳しくは66ページ）。

不登校の親の会への入会を検討しても

まわりに相談者がいないとき、力になるのが不登校の親の会。同じ悩みを抱えた親同士が互いに交流し、支え合いながら、不登校の子どもの発達・成長を支援します。

◆不登校の子の親を孤独にせず、互いに支え合う民間組織

不登校の親の会とは、同じ立場の親たちが互いに交流しながら支え、励まし合う民間組織のこと。会によって活動内容は様々ですが多くの場合、「定例会」「サロン」「カフェ」など様々な名称のもと、親が悩みや体験を自由に話せる場を設けています。

「子どもが不登校になり、どう対処していいのかわからない」「まわりに理解者がいない」という人は、最寄りの親の会を探して問い合わせてみるとよいでしょう。初めて探す場合は、自治体のホームページを検索してみましょう。各自治体が把握している不登校の親の会が掲載されていることがあります。

話を聞く人も話す人もすべて不登校の子を持つ親。子どもはすでに社会で活躍しているが親の会に残り、経験者としてアドバイスを続けることもある。

親の会の例

ぶどうの会

（山梨不登校の子どもを持つ親たちの会）

目的

●すべての不登校の子どもが生き生きと自立に向かって成長※できることを願って、不登校で悩む親が一人で悩むことがなくなるよう、互いに支え、励まし合う。

※「自立に向かって成長」とは、単に再登校を指すのではなく、生きる目的と力を獲得して、立ち上がっていくことを目指している。

参加対象

不登校の子どもを持つ親や祖父母、担任の先生をはじめとした教職員、研究者、指導員など、不登校に関わっている人すべて。

主な活動

相談

事務局で随時面談（オンライン相談も受け付けている）。

定例会

「つらいときにいつでも参加できる場」として、毎月、開催。会場に参加できない場合は、パソコン、スマホ、タブレットとネット環境があれば、どこからでも参加可能。

会報の配布

毎月、会員や支援者に会報誌「ぶどう」を配布。定例会に参加できなくても、会報を読むことでつながりあっているという安心感に結びつく。

不登校基礎講座

毎年夏季に、１日かけて集中講座を実施。

事務局

〒405－0061　山梨県笛吹市一宮町石 2359－102
山梨不登校の子どもを持つ親たちの会（ぶどうの会）
TEL：0553－44－5078　FAX：0553－44－5079
HP：http://budonokai.jimdofree.com

ワンオペ支援から、協力支援に切り替えるには

片方の親だけに対応が委ねられると、責任をしょい込んだり、不満が膨らんだりして、協力関係が築きにくくなります。この解決の鍵は「話し合い」です。

ワンオペ支援の背景にあるもの

「子育ては母親の仕事」といった古い考えで任せきりにしている、不登校は気になるけれど仕事が忙しくて余裕がない、など。

どちらかの親に任せきり

任せられた親（多くは母親）

私にばかり押しつけて

私がしっかりしていないから不登校になった

任せたほうの親（多くは父親）

仕事が忙しくて余裕がない

学校ぐらい行かせられなくてどうする！

◆互いに協力するための話し合いを

子どもとの関わりの深さが両親ともに同じぐらいという家庭もありますが、一方の親に比重がかかっている家庭も多いでしょう。

一方の親（多くは母親）が任せきりにされ、一人で「自分の責任」と苦しんでいることもあります。もう一方の親（多くは父親）は「なんとかして」と言うばかりで、相手が苦しんでいることすら「知らなかった」ということもよくあります。この場合、時間を作って夫婦でよく話し合い、子どもを両輪で支援する協力体制を作ることです。二人で話しにくい場合は夫婦で親の会に参加して第三者を交えて話すのも一案です。

それまでギクシャクしていた夫婦がわかり合えたタイミングで、子どもに回復の兆しが表れることもよくあります。

学習の遅れは、心配しないで

親がいちばん心配になるのが学習の遅れや将来のこと。でも不登校はいつか終わり、そのとき子どもは大きな成長を遂げているはずです。今の状況に翻弄《ほんろう》されず、長い目で見守って。

親が心配しがちなこと

心配の多くは「これからのこと」ですが、大丈夫。なんとかなります。

進学・進級できるの？

公立の小・中学校に留年はありません。例えば小学校を１年間１日も登校しなくても進級できますし、公立中学への進学もできます。高校進学は内申点を重視しない高校、通信制高校などの選択肢もあるので、ゆっくり考えて。中学卒業後、しばらく経って高校に進みたい気持ちが湧いてきたら進学する子もいます（102 ページ）。

「高卒認定」（高等学校卒業程度認定試験：旧「大検」）とは？

高校を卒業していない人が、高校を卒業した人と同等の学力があるかどうかを認定するための国の試験。合格すれば国公立大学、私立大学、専門学校などの受験資格や各種国家試験の受験資格などが得られる。不登校で高校進学しなくても、高卒認定に合格して、大学進学や就職に役立てている人も大勢いる。

◆回復とともに、学習したい意欲にかられる

不登校で親がいちばん気になるのが、「学習の遅れ」や「将来のこと」でしょう。「他の子は勉強が進むのに取り残されてしまう」「このままでは将来就職もできない？」など、不安は尽きません。でも不登校になる子は受動的に「やらされる学習」より、能動的な学習で本領を発揮する子たちです。心の傷が回復に向かってくると「知りたい」「学びたい」気持ちが膨らんで、吸い込むように知識を吸収し、遅れた分を取り戻します。たとえまわり道をしても、自分で目的を見つけて高校、大学に進む子もたくさんいます。

学習の遅れを心配する親は「学校が嫌なら塾で」と考えがちですが、まだ学ぶどころではない休養中に、無理に学習を押しつけても無意味です。子どもが自分から「勉強したい」と言い出すまで、親は「信じて、任せて、待つ」ことです。

今は不登校でもやがて子どもは立ち上がり、社会で活躍する大人になれる

多くの不登校経験者が社会で活躍している

「不登校」というつらい経験を乗り越えた子どもは、様々な経験、学習、人との出会いを通して「これから自分はこうありたい」という思いを持ち、そこに向けて人一倍能力を発揮します。大勢の不登校経験者が優秀な人材として社会で活躍しています。

column

きょうだいのケア

　登校しているきょうだいがいる場合、どうしても親の気持ちが不登校の子どもに向きがちで、他の子は寂しい思いをします。きょうだいのために時間を作って話を聞いてあげたり、勉強を見てあげたりするなど、愛情いっぱいの対応をしましょう。

　また、ありがちなのが、例えば不登校で休んでいる兄に対して妹が「学校を休んで、遊んでばかりいる」と捉え、「お兄ちゃんばかりずるい。私も学校を休む」と言い出すこと。その場合、「あなたまで休まないで」「あなたは社交的だから大丈夫」など、兄を否定するような言い方はNGです。兄はさらに傷つき、妹は「お兄ちゃんはダメだから学校に行けない」と誤解します。「お兄ちゃんが休んでいるのは、傷ついた心を治すため。心の傷は目に見えないけれどとてもつらいから、今、休んで治しているところ」と、丁寧に伝えましょう。

Part 3

回復の過程と援助

回復は段階を踏んで進んでいく

あらかじめ回復の過程を知っておくことで、思うような変化が見られなくても、焦らず対応することができます。

回復までの道のりは一進一退

回復過程は一直線に進むものではなく「回復したかと思えば再び後退する」を繰り返しながら、少しずつ進みます。

回復前期
（自己理解の時期、84 ページ）
回復の兆し
（癒やしの時期、82 ページ）
不登校初期
（不安定・混乱の時期、76 ページ〜）

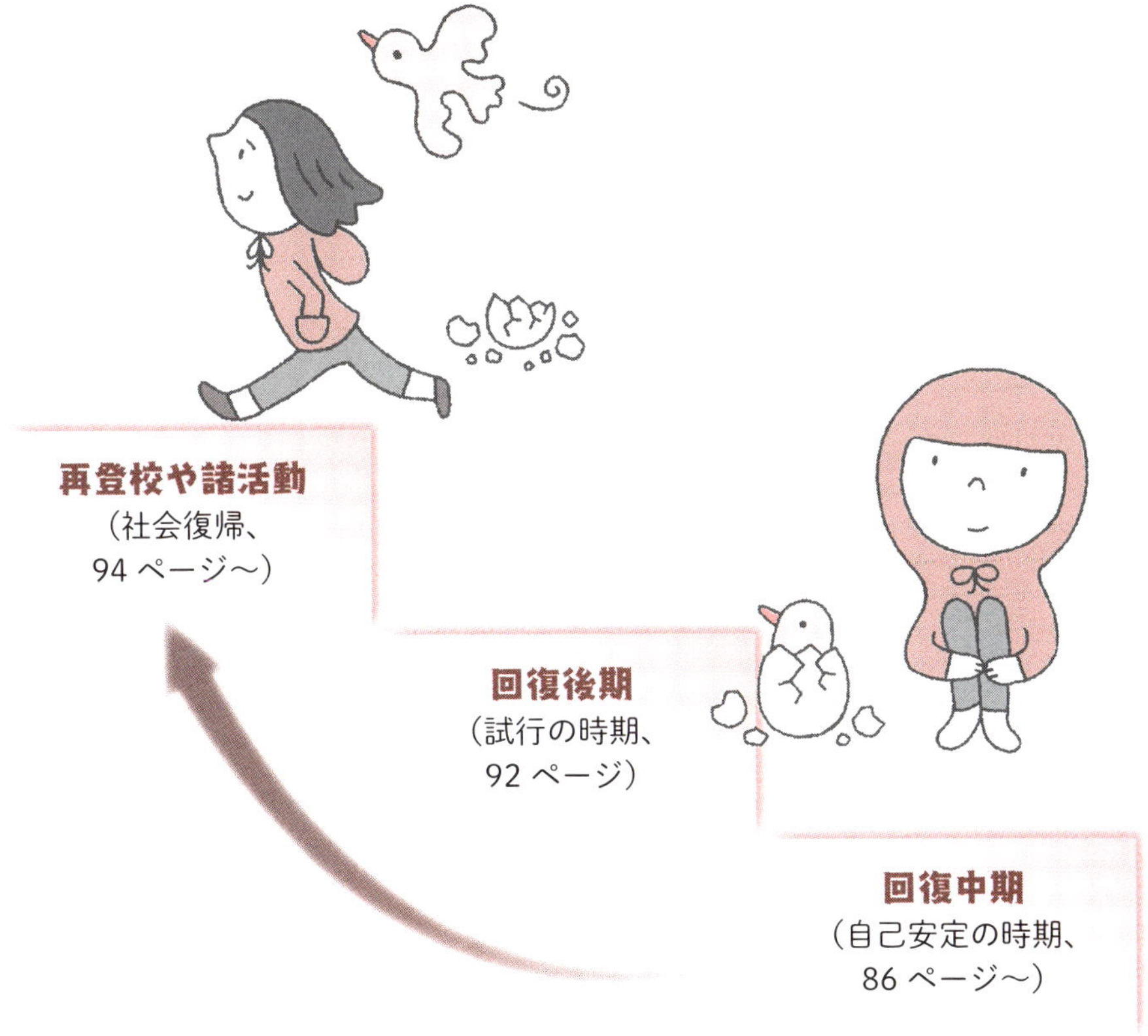
再登校や諸活動
（社会復帰、
94 ページ～）
回復後期
（試行の時期、
92 ページ）
回復中期
（自己安定の時期、
86 ページ～）

◆すぐに回復はしない。大事なのは、焦らず待つこと

多くの場合、回復はここに示すような段階を踏んで進みます。ときどき「不登校の初期から適切に対応しているはずなのに、いつまでたっても回復しない」と心配する方がいますが、病気やケガでも治療してすぐすっきり治ることは、あまりありません。それと同じように不登校の回復も、「ここ数日笑顔が増えたな」と思えば翌日はうつろな表情になるなど、変動があります。これらはすべて、回復のために必要な心の処理です。焦らずおおらかな気持ちで受け止めて、回復を待ちましょう。

初期からの適切な対応で、期間に個人差はあるものの、子どもは
必ず立ち上がる

不登校初期（不安定・混乱の時期）❶

心身ともに不安定さが目立つ時期

子どもの変化についていけず、親にとってもいちばんつらい時期。でも焦らず適切に対応することで、必ず明るい兆しは見えてきます。

◆子どものありのままを受け入れて

昼夜逆転、自室（あるいは布団）から出ない、表情がうつろ、夜眠れない、朝起きられない、感情のコントロールがきかないなど、不登校初期はどの子も不安定で混乱しています。

頭痛、腹痛、吐き気、下痢やめまいなど、様々な身体症状が表れることもあります（150ページ）。

親は焦って過剰に世話を焼いたり、否定的なまなざしで見たりすることもありますが、「今はこんな時期」「いつか終わる」と捉えて、様々な状態

回復までは山あり谷あり
お母さんは味方だよ
この子も苦しんでいる
信じて、任せて、待つ

「なんとかしてあげたい」と思うのは親心。でもそこはグッとこらえて、今は子どものすべてを受け入れ、見守る姿勢がベスト。

を呈する子どものありのままを受け入れ、寄り添う姿勢で接しましょう（78ページ）。

そうしているうちに子どもは少しずつ行動できるようになります。

わかってあげて！

暴言を吐くことも

子どもは、学校に行きたくても行けなくなった自分自身への歯がゆさ、ふがいなさから「生きていたくない」「生まれてこなければよかった」（あるいは、「生んでくれと頼んでない」）といった暴言を吐くこともあります。親はかなりショックですが、売り言葉に買い言葉的な対応は禁忌。暴言は子どもの焦りや不安の証として、対峙しないで受け入れて。

不登校初期はつらさのピーク

この時期は病気に置き換えれば急性期。炎症や痛みがピークのつらい時期です。今は入院、加療しているイメージで、不必要な質問などの刺激はしないこと。例えば食事を拒否すると親は心配しますが、「食事をしたくないには理由がある」と理解して（80ページ）、無理に勧めることはありません。

不登校初期（不安定・混乱の時期）❷

「子どものすべてを受け入れる」ということ

「子どものすべてを受け入れること」（受容）は、これと誤解されやすい「許容」と比較するとわかりやすく納得でき、これからの対応に活かせます。

子どもとの会話の中で受容しているか許容しているかがわかります。

◆子どもを「受容すること」と「許容すること」は根本が違う

回復に向けて大切なのは、「子どものすべてを受け入れること」（受容）。これは子どもが「今は苦しいから学校に行けない」という心の状態にあることを理解して、受け入れることです。受容と混同しやすいのが「許容」で、これは「学校に行けないなら、行けるまで待っていよう」という発想。親の認める許容範囲を超えたら「ここまで待った（許した）のだからそろそろ登校できるでしょう」ということになります。つまり許容は子どもを理解して受け入れているわけではなく、親の許しの範囲で認めているにすぎません。受容と許容は混同しやすいですが、

許容

親の尺度で認める範囲を決め「そこまでは認めるけれど、そこを超えたら認めない」という考え方。子どもを受け入れるどころか否定して、回復を妨げる。

だいぶ休んだから
もう登校できるでしょ

前と同じ時間に
起きられるように
なったから
もう大丈夫よね

受容

「いつまでにどう変わってほしい」ではなく、「今、子どもがこの状態なのは苦しんでいるから」と理解して、受け入れる。

回復のすべての過程で、子どものすべてを受け入れる「受容」の姿勢でいることが求められる

子どもを「受容しているか」「許容しているか」

親が許容の気持ちでいると、子どもが何か話そうとしても、親は話を聞く前に「自分の考えを伝えなければ」という気持ちが先立ちます。受容する気持ちでいると、まず子どもの話を聞いてから親の考えを伝えようとします。

「つい自分の意見が先走りして、子どもが心を閉ざした」。親はこんな経験を繰り返し「まず子どもの話を聞こう」と受容することを覚えて、そこで初めて、親子の対話は成立します。

受容の気持ちでいると、たとえ対話の中で意見の相違があって「あなたの気持ちはわかる。でもお母さん（お父さん）も正直に言いたい」と意見を言っても、子どもは自分の話を聞いてもらっているので、聞く耳を持つようになります。

不登校初期（不安定・混乱の時期）③

親が心配しがちな、生活、行動面の変化

不登校になり、親が驚くような生活の変化にはすべて理由があります。内心ハラハラしても、回復の通過点の一つと捉え、見守って。

こんなことが起こりやすい

自室に引きこもる

- ドアにガムテープを貼って、親が入れないようにする
- 食事もせず、トイレのときだけ出てくる
- 親がノックしたり声かけしたりすると激しく怒る

◆口を出したくなっても何も「言わない」「やらない」

この時期に生活が乱れることはよくあります。「部屋が汚い」「体が不潔」「家族と一緒に食事をしない」など、見ていられなくてつい「なんとかならないの？」と言いたくなります。でも子どもの行動すべてに理由があります。例えば家族と食事をしないのは、不登校になった自分が許せず、家族に合わせる顔がないという思いから、ということもあります。

いずれにしても、親は特別なことはしなくて大丈夫。それが子どものすべてを受け入れることであり、親がありのままの自分を受け入れてくれていることが子どもに伝わり、親子の結びつきを強くします。

部屋が散らかり放題

・使ったもの、着たもの、食べたものが散乱している
・ゴミを捨てない
・ベッドに必要なものを持ち込んでいる
・掃除をしない
・カーテンを閉めたままで光を嫌がる

ゲームや動画三昧

・起きている時間はほとんどゲーム
・好きなYouTubeばかり見ている

不潔な体のままでいる

・何日も風呂に入らなくても気にならない
・下着や洋服を何日も替えない
・髪が伸び放題でも無頓着

食生活が偏る・不規則

・家族と食事をしない
・夜中など、変な時間に食べる
・インスタントやレトルト食品ばかり食べる、あるいは突然食べなくなる

昼夜逆転

・深夜まで起きていて、昼過ぎまで寝ている
・明け方まで起きていて、夕方まで寝ている
・昼夜逆転のサイクルが回って、ときには普通の時間に寝て、朝起きることもある

回復の兆し（癒やしの時期）

子どもの言動に、回復の兆しが見え隠れする

子どもの心に回復の兆しが芽生えると、敏感に気づくでしょう。前のめりにならないで、淡々と子どもに寄り添う対応を続けましょう。

◆徐々に動けるようになるが、油断は禁物

親が子どものすべてを受け入れる（受容）対応をしていると、少しずつ行動できるようになります。例えば、自室にこもりがちだったのが出てきてリビングで過ごしたり、問いかければ言葉を交わしたりするなど交流が再開します。一緒に食事をするようになったり、テレビを見て何気ない感想を口にしたりするなど、雪解けの始まりのような感覚です。でも昼夜逆転しているのはそのままですし、家族以外の人との接触を避けることもあります。この時期に学校に関係する話題に触れると再び自室にこもったりするなど、逆回転し始めるので注意しましょう。

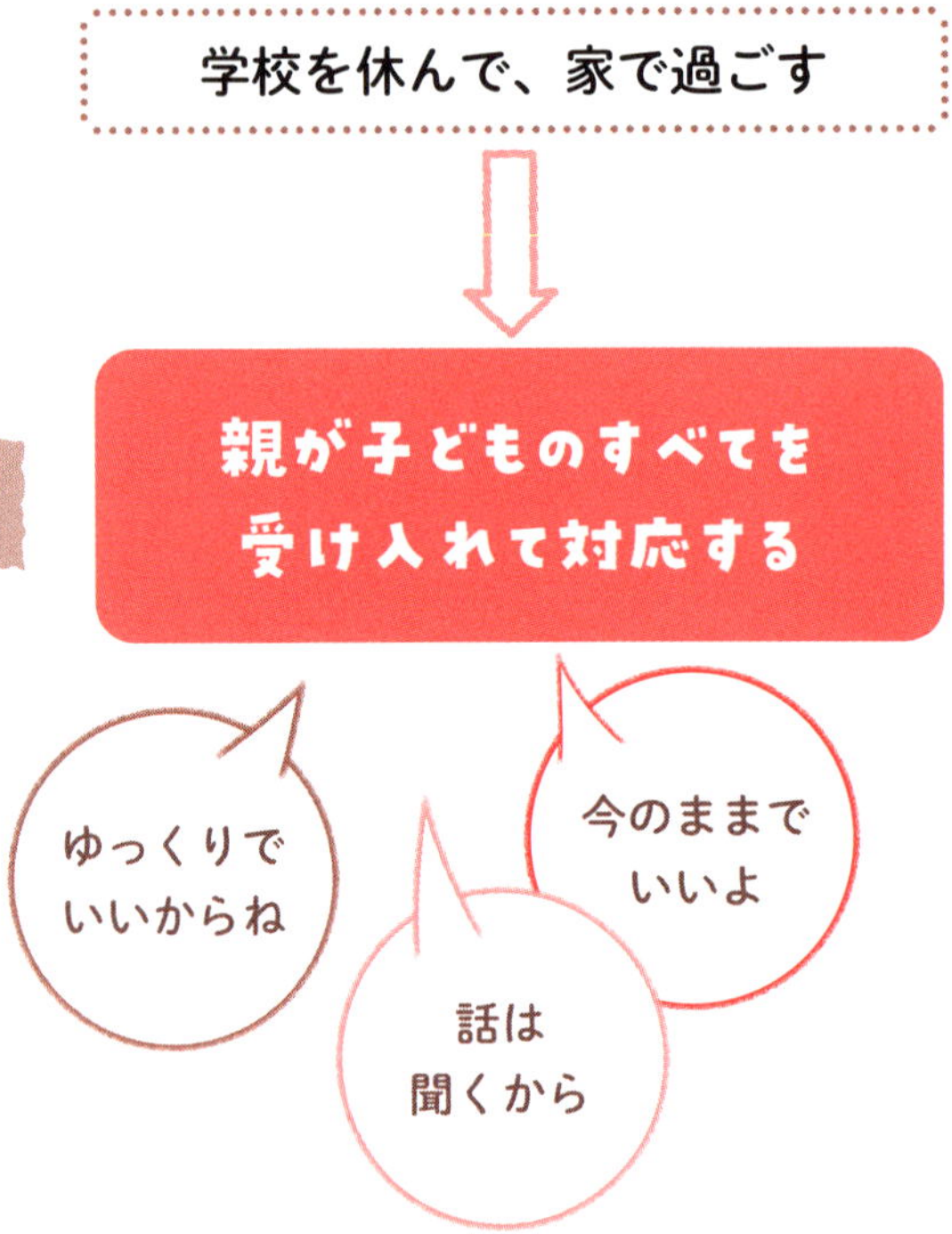
学校を休んで、家で過ごす
親が子どものすべてを受け入れて対応する
今のままでいいよ
ゆっくりでいいからね
話は聞くから

この時期にありがちな変化

子どもの表情や言動から少し光が差してきたような気がしますが、まだ家族以外の人とは会えない、学校のことを思い出すと落ち込むなど、不安定な面も目立ちます。

リビングで
過ごせるように
なる
家族との
食事回数が
増える
家族と会話
できる
苛立ちが
減る

わかってあげて！

・電話には出られない
・来客の対応はできない
・勉強のことを話題にすると不機嫌になる
・学校に関係することは拒否する
・自室にこもる
・昼夜逆転は続いている

調子がよさそうだからと外出を促したりするのはNG。病気なら、寝たり起きたりの時期。安心できる場所で自由にさせてあげましょう。

回復前期（自己理解の時期）親子の会話や外に向けた行動が増える

行動が少しずつ外向きになり、ポジティブな言動が目立つようになります。会話が増えたら、子どもの話をたくさん聞いてあげましょう。

この時期にありがちな変化

自分から話しかけることが増える

おもしろかった動画の話題など、見たもの聞いたものに対して感じたことを話すようになる。

夜間なら散歩に出られるように

外出行動は徐々に進み、まずは人に遭遇しにくい夜間に散歩に行くなどするようになる。

◆親子の信頼関係の回復による退行現象も

不登校初期にうつろだった表情が和らぎ、家族との食事も増えてきます。それまでは聞いたことに簡単に答える程度のそっけない会話も、自分が興味を持ったことについて話しかけてくるようになります。

「外に出たい」と思うようになり、ポストに郵便物を取りに行く、人と会わない夜に家のまわりを散歩するといった外出行動が見られます。次第にコンビニなどに自分のものを買いに行くようになり、それとともに身だしなみを気にするようになります。

また、親が自分を受け入れてくれることを感じると、幼児のように甘えることもあります（退行現象）。

昼間、家の周囲に出られるように

昼間でも、郵便物を近くのポストに出しに行く程度なら家の周囲に出られるようになる。

生活リズムの正常化

昼夜逆転だった子も、夜は12時ぐらいになると眠り、翌朝8～9時頃には起きてくるなど、少しずつ元の生活リズムに戻る。

近場で買い物できるようになる

近所のコンビニに食べたいものを買いに行くなど、昼間の外出ができるようになる。

身だしなみに関心を持つ

家の外に出るようになると、洗顔したり、髪の寝癖、服の乱れがないか気にしたりするようになる。

子ども返り（退行現象）

母親のあとをついてまわる、やたらと甘えるなど幼児性を強めてくることもある。退行現象は、自分らしく生きようとするために、自分自身をリセットする現象ともいわれる。拒まず甘えさせてあげれば、時間とともに離れていくことがほとんど。

回復中期（自己安定の時期）❶

登校しない以外は日常生活が元に戻る

不登校になる前の明るさを取り戻し、光が見えた気がします。ただし再登校できるのはもう少し先。焦らず、見守る姿勢を続けましょう。

この時期にありがちな変化

回復が進み、心の状態が安定してきます。日常生活が元に戻り、将来の自分について考えることが増えてきます。

- 起床時間が早くなる
- 「暇だな」と言うようになる
- 朝食を食べる
- 家事などを嫌がらずに手伝う
- ほぼ毎食、家族と食事する
- 友達が訪ねてきても普通に会話する

注意　まだ学校には行けない

子どもの様子が不登校になる前とほとんど変わらなくなると、親は「もう大丈夫かも」と登校を促してしまいがちです。子どもは表面的には元気そうに見えても、心のどこかで「再登校しても続かないかも」「友達に白い目で見られそう」といった不安を抱えています。親を喜ばそうと無理して再登校して再び不登校に戻ることもあります。子どもから「学校に行ってみたい」と言うまでは、親から促すようなことはしないように。

◆情緒も安定し、これからのことについて考え始める

回復が進むと、散らかっていた部屋を片付ける、決まった時間に起きて朝食を食べる、毎日入浴して清潔を保つなど、正常な生活スタイルに戻ります。親に頼まれるより先に家事を手伝うなど意欲的な行動も目立つようになります。訪ねてきた友達と顔を上げて会話するなど情緒が安定し、自由に外出することもできます。

また、この時期に「暇だな」と言うこともあり、それに伴い進路の話題を持ち出したり、勉強をし始めたりする子もいます。気持ちに余裕ができ学校の話題を持ち出しても以前のような拒絶反応はなく、自分に向き合い、これからのことを模索し始めます。

Hi!
進路について話すようになる
学校や勉強の話題を拒否しない

先生に訪問してもらっても

この時期になると、担任の先生と会って話ができるようになる子も増えてきます。学校で面談するのはまだ早いですが、子どもが希望するなら先生に家庭訪問してもらっても。「そろそろ学校に来たら」「みんな待っているよ」など、登校刺激になる言葉は避けてもらい、子どもが自ら話を始めるまで「顔を見に来たよ」「元気そうじゃない」程度の声かけをお願いしましょう。

✕ もう登校できるんじゃない？
みんな待っているよ

◎ 顔見たかったよ
元気そうで安心した

回復中期（自己安定の時期）❷

出かけるときは、気持ちよく送り出して

暗くなる前に帰ってきてね
気をつけてね

「学校に行かないのに遊びには行くの？」などと否定的に捉えず、回復の証として気持ちよく送り出してあげよう。

自発的な「出かけたい」は、順調に回復しているサインです。事故や犯罪に巻き込まれないように注意して、快く見送って。帰宅したら話をたくさん聞いてあげましょう。

◆自発的な「出かけたい」は回復が進んだサイン

不登校が始まった頃は、ふさぎ込んだり、体調が悪かったりという状態が続いていたのではないでしょうか。そこから回復が進むと、いろいろなことを考える余裕が出てきて、「お小遣いで買いたいものがある」「○○のイベントに行きたい」といった欲求が生じます。「学校を休んでいるのに、遊びに行くの？」と複雑な思いもあるでしょうが、回復が進んだ証拠として気持ちよく送り出してあげてください。ただし「お母さん（お父さん）が心配だから……」と前置きをした上で、帰宅前の連絡や帰宅時間などのルールを決めて、守るように話しましょう。

NGワード

外出をとがめるような言葉かけは控えて。
やっと外に出られる意欲が湧いたのに
再び家に閉じこもってしまうことも。

学校を休んでいて
遊びに行くなんて

遊びに行く元気があるなら
学校に行きなさい

先生や友達に
見られたらなんて
言い訳するの？

病気やケガで入院したときも、急性期はベッドの上で体を動かす余裕すらない。しかし回復が進むと「部屋の外に出たい」「早く退院したい」と意欲が湧いてくる。不登校もそれと同じで、回復とともに「出かけたい」「遊びたい」と思うようになる。

ぼーっとすることも大切

外に出て様々なことを体験することも大切ですが、逆に、家でぼーっとしたり、だらだらしたりすることにも意味があります。見ているほうは「ぼーっとしている時間がもったいない」と思いがちですが、子どもはグルグルといろいろなことを思い浮かべて考えをまとめ、これが次への活力になります。子どもにとって意味のある時間を大切にしてあげましょう。

回復中期（自己安定の時期）③

「やってみたい！」は否定せずに応援して

子どもから何かを「体験したい」「挑戦したい」と言われたら、ぜひ応援してあげましょう。親から共感を得ることで自己肯定感が高まり、目標ができるなど、よい作用を導きます。

◆体験から得たことが将来に活きることも

不登校になる前は「学校で過ごすのがやっとで何もできなかった」という子も、心の回復とともに「行ってみたかったところに行きたい」「やってみたい楽器がある」など、「やってみたい」が増えてきます。子どもの自発的な「やってみたい」は、可能な限り実現させてあげましょう。親から否定されずに興味の対象に打ち込むことは「今の自分でいいんだ」といった自信になり、自己肯定感を育みます。

また、このときに得た体験から新たな興味が湧き、それについて学び、将来の夢が見つかって、そこを目標に歩き出すこともあります。

子どもの「やってみたい」を否定しないで

子：鉄道駅のスタンプラリーをやってみたい

親：そんなのどこがおもしろいの？ ×

親：もっと身につくことがあるのでは？ ×

親に否定されると「くだらないことに興味を持つ自分はダメだ」と自己否定感が強まって、意欲のない生活に戻ることも。否定はせず、共感、応援の姿勢でいることが大切。

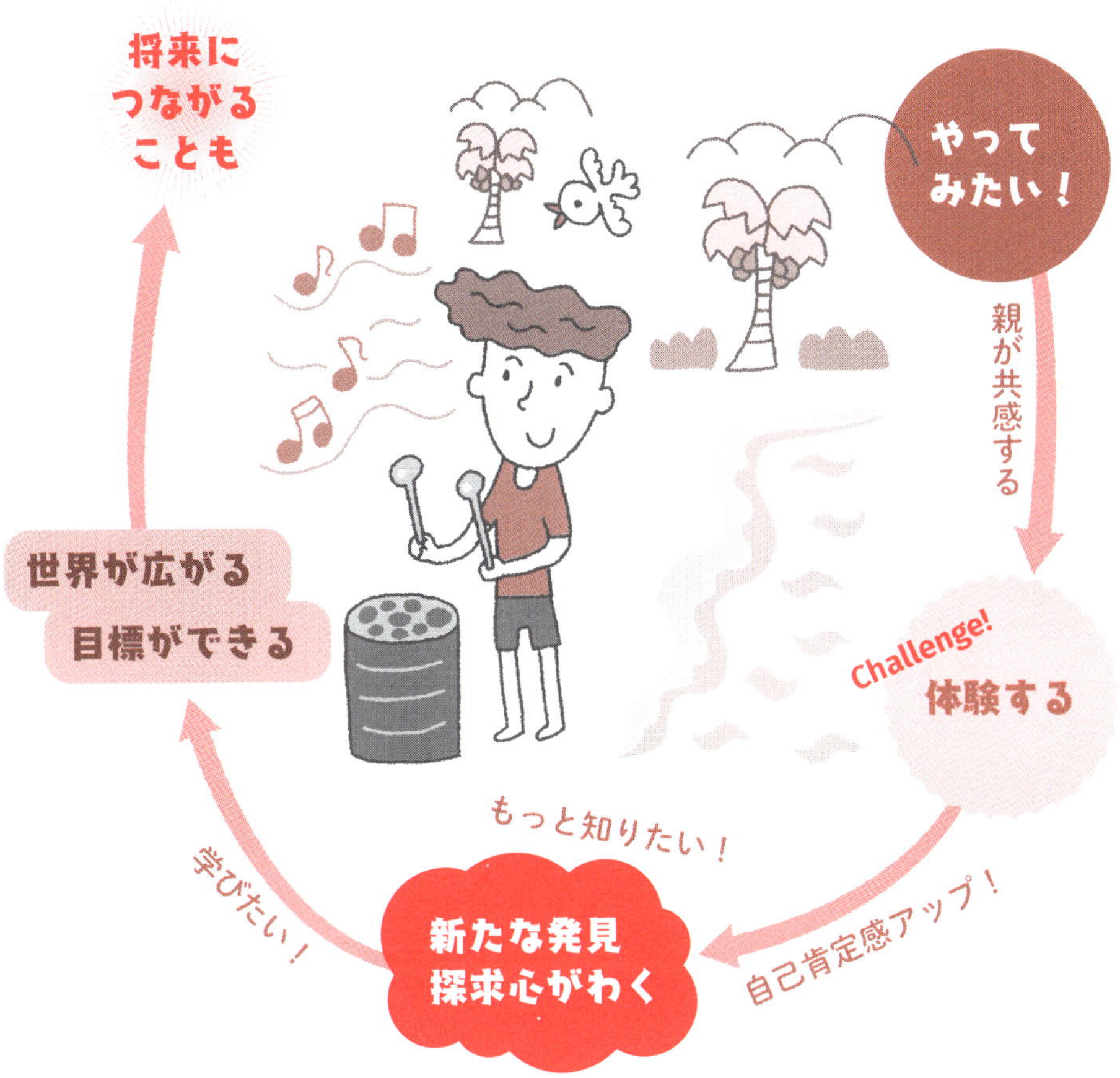

夏休みや冬休みなどの長期休暇は体験のチャンス

「学校がある期間はあまり外に出たくないな」と気が引けても、長期休暇中なら堂々と外に出られます。ふだんなかなか足を延ばせないところへの旅行や、スポーツ観戦、イベント体験など、子どもが「行きたい！」「やりたい！」という願いをかなえる絶好のチャンスです。遊びだけでなく、子どもが希望すれば英語学習、美術、音楽、スポーツなどの習い事を始めてもよいでしょう。ただし、「長期休暇で楽しんだから」と、新学期から再登校を促すのはNGです。再登校は心の傷が十分に回復し、子どもの口から「学校に行ってみたい」という言葉が出るまで待ちましょう（92ページ）。

回復後期（試行の時期）

「学校に行く」と言ったときの対応

子どもから「学校に行く」という言葉が出たら、親は過剰に喜ばず、親子でよく話し合いながら再登校の準備を進めましょう。

再登校のサイン

学校・勉強・進学に前向きな言葉が出る、教科書やノートを揃えたりするといった言動が目立つようになる。

学校に行ってみようかな

中学（高校）に進みたい

今勉強しないと将来困るかな

親　先生に連絡しようか？

子　うん

子　学校に行こうかな？

親　無理してない？

子どもと再登校についてよく話をして、結論が出たら担任の先生に連絡する

子どもの心が軽くなる言葉

無理しないで、試しに行ってみたら？

つらくなったら気にせず休んでいいからね

ゆっくりでいいんだよ！

以前と同じように淡々と送り出してあげれば、
子どもの負担が軽くなる。激励はNG。

◆「学校に行く」という言葉は静かに受け止めて

回復後期を迎えると、夜寝て朝起きる、自由に外出する、家族や友達と普通に会話できるなど、元の生活に戻ります。心新たに再登校や進学について本人なりの結論が出ると「学校に行く」「勉強しなくちゃ」といった前向きな言葉が出てきます。親は飛び上がるほどうれしいですが、そこは冷静に。あまり喜ぶと子どもは「今まで悪いことをしていた」「やっぱり学校に行ける子がいい子なんだ」と自分を責めます。また、「今度は不登校になれない」というプレッシャーがかかり、うまくいかなくなったときに逃げ場がなくなります。

本人から具体的に「来週から登校したい」「新学期になったら」などと話があれば、担任の先生に連絡をしましょう。最初は午前中だけの登校、あるいは本人が「帰りたい」と申し出たら早退させてもらいたい、といった配慮を求めておきましょう。

再登校や諸活動（社会復帰）❶

「学校に行く日常」にゆっくり順応させる

再登校は期待と不安とともに「二度と失敗できない」という気負いもあり、子どもの心は複雑です。「焦らず、ゆっくり」のスタイルで、温かく見守ってあげましょう。

◆久しぶりの学校生活はとても疲れやすい

大人でも病気やケガによる長期休暇のあとの出勤は疲れます。不登校の子どもの再登校も同じで、しばらくぶりの学校生活はとても疲れます。また、「友達に白い目で見られるのではないか？」「授業についていけないかも」といった不安もあります。クラスメイトには担任の先生から、冷やかしや詮索などをしないように話してもらい、温かく受け入れる環境を用意してもらいましょう。

帰宅後はどっと疲れが出るはずです。「疲れたら学校に行かなくていいからね」と言葉を添えて、ゆっくり休ませてあげましょう。

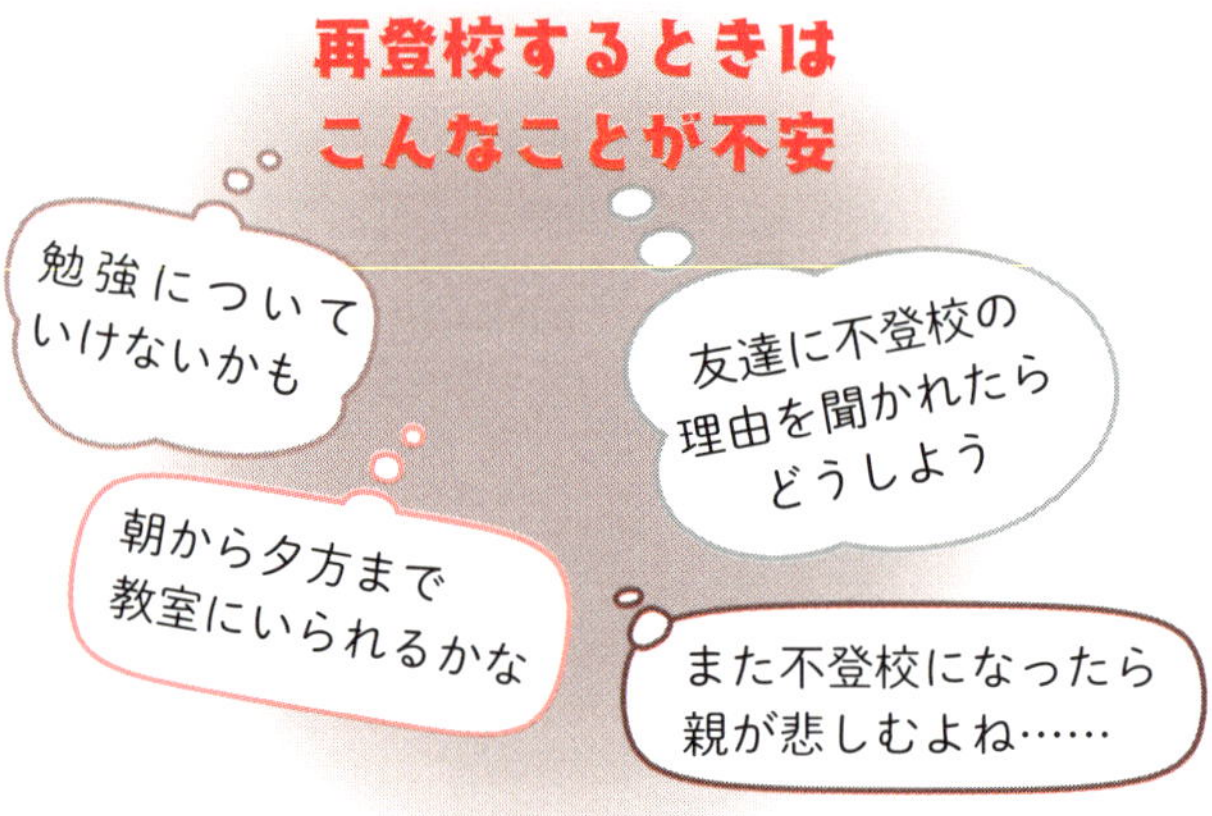
再登校するときは
こんなことが不安
勉強についていけないかも
友達に不登校の理由を聞かれたらどうしよう
朝から夕方まで教室にいられるかな
また不登校になったら親が悲しむよね……

クラス編成の要望を伝えても

不登校のきっかけがいじめや苦手な友達がいる場合。再登校がクラス替えで人間関係がリセットされるタイミングなら、クラス編成の前に、「○○さんとは離してほしい」「◇◆さんと気が合うので同じクラスにしてもらえるとありがたい」など、学校に希望を伝えることも可能です。

帰宅後や休日は ゆっくり休ませて

疲れたらとにかく休ませて。子どもが希望するなら午前中だけや隔日登校なども検討して、先生と相談を。勉強の遅れを心配しがちですが、登校する生活に慣れてからいくらでも挽回できます。

がんばったね
休んで いいからね
NG!
その調子！
せっかく登校 できたのだから 休んだ分、巻き返しね

励ましているつもりでも
プレッシャーになる。

スタートから張り切りすぎたら……

「今まで休んだ分、取り返さなければ」「先生、友達、親の期待に応えなければ」と、初めからパワー全開で走り出し、係活動、クラス委員、班のまとめ役などを引き受けて、疲れて再び動けなくなる子もいます。キャパ超えしそうなときは「今は学校生活に慣れて、諸活動は本調子になってから」とブレーキをかけて。

うお〜

再登校や諸活動（社会復帰）❷

フリースクールは、回復してから検討を

フリースクールは「不登校の受け皿」というイメージがありますが、決してそうではありません。本人が興味を持ち、希望するなら制度や特色などをよく調べて親子で相談を。

◆「不登校になったらフリースクール」ではない

フリースクールとは民間の教育施設で、様々な理由から学校を休んでいる子どもに勉強や体験学習を提供する場。公的施設では教育委員会などが運営する教育支援センター（下参照）があります。

フリースクールは「学校に行けなくなった子の受け入れ先」というイメージがありますが、そもそもつらくて動けない不登校初期に家から出て、フリースクールに通うことは不可能です。検討するのは心の回復が進み、子どもがフリースクールに興味を持ち「行ってみたい」と言ったとき。そのときが来たら、親子で探してみましょう。

いろいろな不登校支援

ボランティアやNPO団体が運営する「子ども食堂」、学校給食センターによるランチサービス、地域のプレイパークなどが、学校が苦手な子に食事や居場所を提供していることも。費用もかからず自由に参加でき、利用する子も増えている。

フリースクールの利用率

2021年度の文部科学省の調査では、小・中学校の不登校の児童生徒は約24万5000人。そのうち約3.7％がフリースクールなどの民間施設・団体を利用している。

教育支援センターとは

教育委員会などが運営する公的施設で、学校に通わなくても学習を進めたり集団生活を学んだりできる場。学校と連携しながら学校生活への復帰を支援する（旧「適応教室指導教室」）。全自治体の63％が設置している（2019年調べ）。

フリースクールは
回復の目途が立ってから

「不登校になったらフリースクールに行けばいい」という発想は改めて。
段階的に回復をたどり、子どもが希望したら検討を。

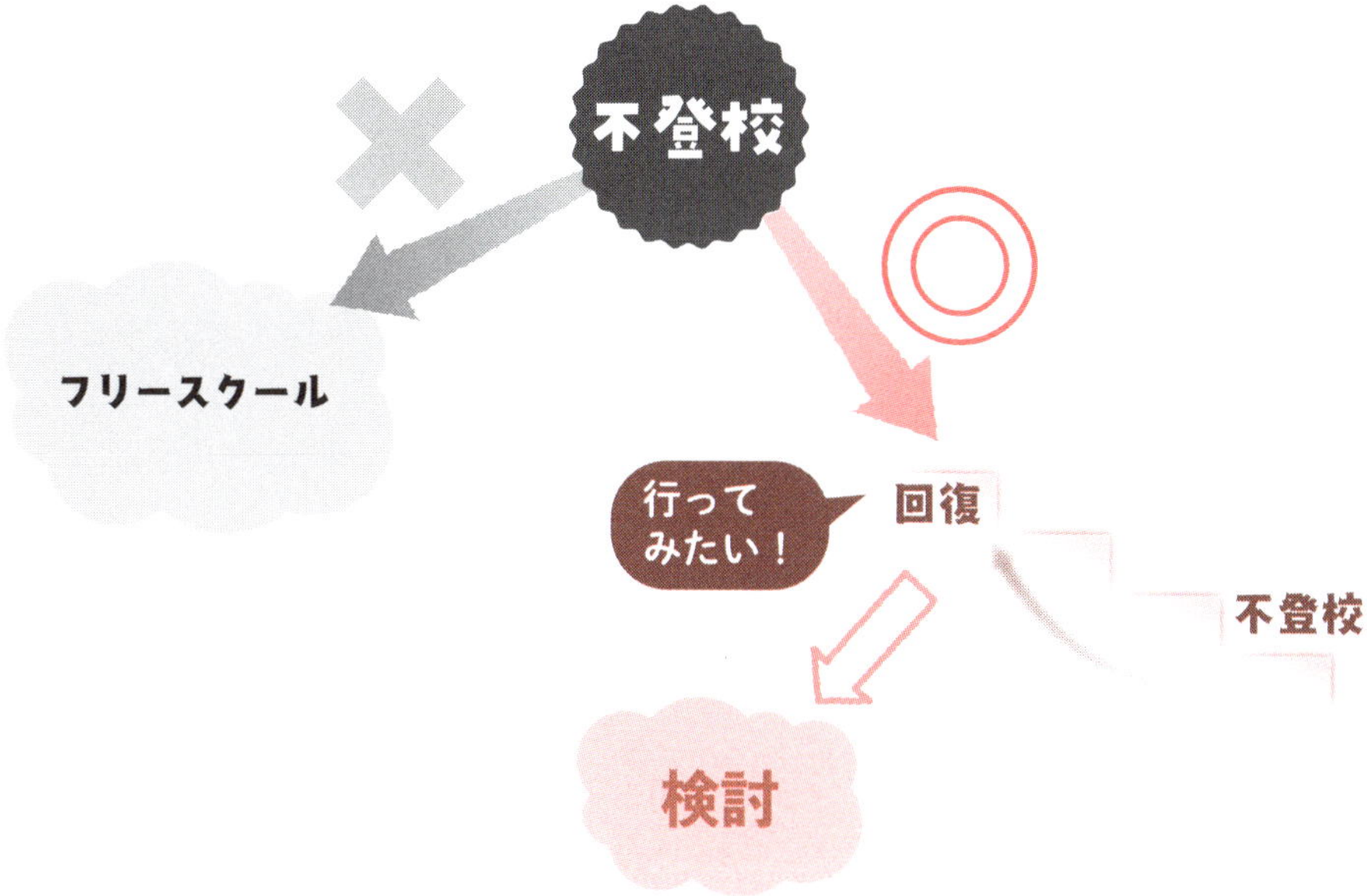

ホームページに地域のフリースクールを紹介している自治体もたくさんあります。まずはアクセスして、いくつか候補を出してみよう！

詳しくは 98 ページ

フリースクールの選び方のポイント

◆目的、通いやすさ、雰囲気、費用などを要チェック

フリースクールの運営は、ＮＰＯ法人、ボランティア団体、企業、個人、学習塾など様々です。多くの場合、入学金、授業料、教材費などがかかり、費用は施設によってかなり幅があります。高額なところも多く、助成金を出している自治体もあります。子どもがフリースクールに興味を持つ理由は「まだ再登校は自信ないけれど勉強したい」「人と関わりたい」など様々です。いずれにしても子どもが「通ってみようかな」と言ったら、複数の施設の資料を集めて見学に行き、情報を集めて、親子でよく話し合って決めるようにしましょう。

フリースクールはどこも同じではなく、施設ごとに特色があります。安易に決めて「こんなはずではなかった」ということにならないように、よく調べて選びましょう。

個性豊かな「オルタナティブスクール」

音楽、芸術、鉄道、ものづくり、農業など、従来の枠組みに捉われない学習を提供する民間施設の呼称。より子どもの興味・関心にフォーカスした特殊性の高いフリースクールです。講師はその世界で活躍している人や専門家であることも多く、目標ができたり将来の夢につながったりすることも。子どもが在籍する学校が認めれば出席扱いになります（左ページ）。

複数の施設を比較、検討して

目星をつけたところから資料を取り寄せ見学して、希望に合った施設を選びましょう。

まずはネットや電話で問い合わせ、資料を取り寄せる。

何校か絞ったら見学に！

確認すること

☑ **通学のしやすさ**
あまり遠方では通学だけで疲れてしまう。公共交通機関を利用する場合、乗り継ぎや費用も考えて。

☑ **居心地**
子どもが「ここなら安心して過ごせる」と思えることは大事。スタッフ、講師の考え方、接し方などから雰囲気が伝わることも多い。

☑ **学費**
施設によっては高額なところもあり、あまり高いと継続できない場合も。

☑ **授業や活動内容**
施設によって時間割、学習内容・システムはいろいろ。

☑ **サポート体制**
学校との連携、子どもと親への支援など。

出席扱い制度とは？

文科省は、不登校の子どもがフリースクールなどの外部施設で指導を受けた場合、一定の要件を満たせば出席扱いにすることを公表しています。対象になる施設は、教育支援センターなどの公的機関ですが、公的機関への通学が困難で保護者と本人の希望があり、校長に適切と判断されれば民間の相談・指導施設も考慮されます。適用には学校側の協議、承認が必要です。

中学・高校進学からの再登校

再登校が進学と重なる場合、子どもは新しい世界への期待と不安でいっぱいです。親は必要な情報を集めたり、進学先とのつながりを持ったりしながら、子どもの負担を減らすサポートを。

進学時に多い不安や悩み

小学校
⬇
中学校

「中学からはがんばれる」と思う反面、「行けなかったらどうしよう」という不安

小学校の勉強ができていないのに中学の勉強についていけるの？

部活動もやってみたいけど、不登校だった自分が続くのかな？

「中学からがんばる」という意思を示しても本音は不安でいっぱい。親は子どもの前向きな気持ちを受け止めつつ「つらかったら休んでいいよ」の態勢で。

◆プレッシャーをかけないように注意して

小学校卒業まで欠席し、中学進学のタイミングで子どもが再登校の意思を示しているなら、事前に進学予定の中学に連絡をして、不安なことや心配なこと、配慮してもらいたいことなどを相談しておくとよいでしょう。そのときに不登校になったきっかけ、学習面や生活面で配慮してもらいたいことなども伝えます。子どもは「中学からがんばる」「勉強についていけるかな？」など、期待と不安が入り混じった複雑な気持ちでいます。親は子どもに「中学から学校に行くよ」と言われると「今度はがんばって」と激励したくなりますが、プレッシャーは子どもを

早めに中学校とのつながりを作る

私立中学を選ばない限り、通常は自治体指定の学区内の中学校に進みます。入学後、担任の先生が決まったらできれば早い時期に子どもの状況を伝えておくとよいでしょう。なお、不登校のきっかけが特定の子どもからのいじめで、その子も同じ中学校に進む場合、入学前の早い時期に面談を申し込んで事情を伝えておくと、クラス編成に配慮されることも。

高校の選択肢は多い

中学校
↓
高校

全日制高校　平日の朝から夕方まで授業があり、1年間に必要な単位を取得すれば進級できる「学年制」が一般的。中学の成績や内申書が合否に関わることもある。

通信制高校　週1～3日通学（スクーリング）で、基本は自宅学習、レポート課題の提出が中心。学年やクラスはなく、3年以上在籍し、定められた単位を取得すれば卒業できる。

定時制高校　夜間だけでなく昼間も通える高校も。卒業条件は3年以上の在籍期間と必要な単位取得。1日の授業時間が4時間程度の場合は4年で卒業が一般的。

不登校の生徒の約8割以上は高校に進んでいるが、すぐには進まず、目的ができてから進学する子もいる（102ページ）。

追い詰めます。静かに見守り、「つらくなったら休めばいいから」という気持ちでサポートを。

中学まで不登校で高校進学を希望する場合の選択肢は様々です。担任や進路指導の教員と相談しながら、どんな高校があるのか情報を集め、子どもとよく相談して決めましょう。

義務教育以降の進路はいろいろ

まわり道に見えても、子どもが納得できる進路を歩けることが何よりも大切です。どんな進路が子どもにとってよいのかよく話し合い、一緒に道を開きましょう。

◆あわてず、ゆっくり進んで大丈夫！

子どもの進路は「中学、高校、大学や専門学校、社会人と順序よく進むのが一般的」と思われがちです。仮にこれを「普通の階段」としておきましょう。

では普通の階段を上れば、どの子も幸せなのでしょうか？　例えば不登校で高校進学に消極的な中学生に普通の階段を勧めても、無理をさせたり見出すものが何もなく挫折を招いたりすることもあります。

子どもによっては先に社会を経験し、目的を見つけてから通信制高校に進む、あるいは高校に行かず高等学校卒業程度認定試験（旧「大検」、70ページ）を受けて大学に進むほうが幸せということもありま

様々な選択肢がある。親子や第三者を交えて相談しよう。

す。実際に少しまわり道をして、充実した人生を送っている人は、世の中に大勢います。子どもが高校進学で悩んでいるなら、将来につながる道は一つではないと伝えることも、親にできる大切なアドバイスです。

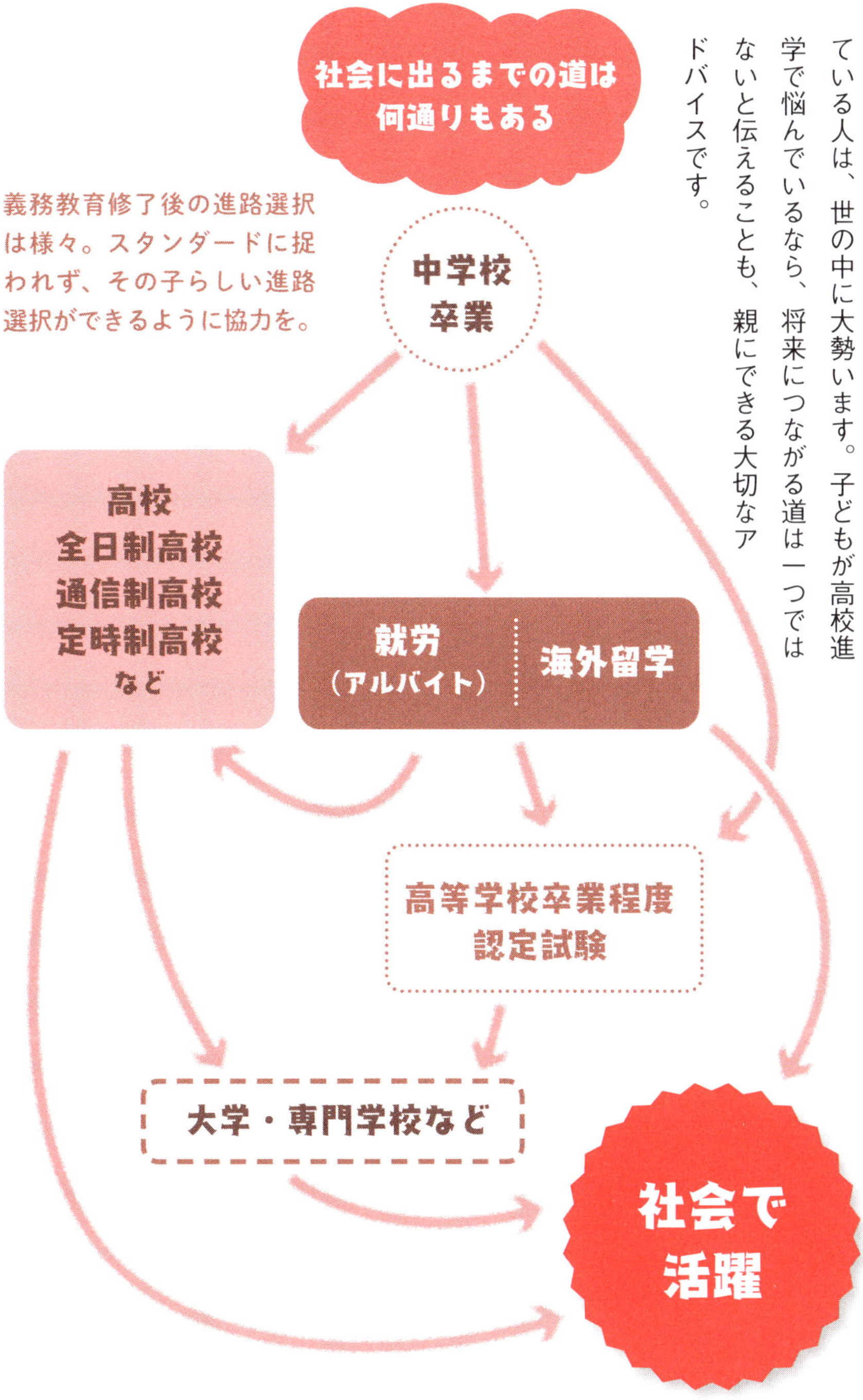
社会に出るまでの道は
何通りもある
義務教育修了後の進路選択は様々。スタンダードに捉われず、その子らしい進路選択ができるように協力を。
中学校
卒業
高校
全日制高校
通信制高校
定時制高校
など
就労
（アルバイト）
海外留学
高等学校卒業程度
認定試験
大学・専門学校など
社会で
活躍

不登校を経て、成熟した強い自分になれる

不登校はつらい経験ですが、そこから人として大切なものを獲得し、人の痛みがわかる、人に共感できるなど、より質的に高い自分になって、さらなる成長を目指すことができます。

◆不登校の経験は無駄ではない

不登校になり、つらくて苦しい時間を経て回復が進むと、子どもは自分についてあれこれ考えるようになります。その過程で子どもは成長し「自分に弱さや欠点があったとしても、自分が生きていることには意味がある」と、「新たな自分づくりのための捉え直し」を行い、「生きる目的」を得て、自分の存在に手ごたえを感じるような自己肯定感をつかんで立ち上がります。

そうして立ち上がった子どもは不登校の経験を自分の糧にし、成熟した人となり、新しいことに挑戦できるようになります。

休養

不登校

子どもは休養しながら様々なことを考え、心の傷も回復に向かう。

人の話を聞ける

人のつらさが理解できる

不登校から立ち上がる頃の子どもは、「自分」を落ち着いて受け入れ、客観的に見ることができるようになります。そうして「今の自分でよい」という自信を力に、人の話に共感できたり、自分の経験を他者に役立ててもらったりするなど、豊かな人間性を備えた人に成長します。

他者に自分の経験を伝える

立ち上がり

回復

再び人と人の関わりの中で生まれるストレスが生じても、それをものともしない強さを持った人に成長できる。

立ち上がり

回復

自分が生きていることには意味がある

新たな自分づくりのための捉え直し

↓

生きる目的を得る

人の役に立てるようになりたい

夢を叶えたい etc…

生きる力

影響！

民主的な集団での学び

他人と自由に意見を交わすことができる集団で様々な体験をすることで、自分自身を客観的に見たり、多様な意見を取り入れたりした考え方ができるようになる(集団の例：ボランティア団体、地域のサークル活動など)。

魅力ある大人との出会い

この時期に自己の成長のモデルになるような「親以外の大人」と出会うと、その人に憧れて、その人と同じ仕事を目指すなど、その子の人生に影響を与えることも。

回復過程で不適切な対応をしたとき

「もう大丈夫かも」と思えても、そう簡単に心の傷は癒えていません。回復過程における対応次第で、回復が妨害されることもあることを覚えておきましょう。

◆回復が進んできても焦りは禁物

不登校初期の「動けない」「食べられない」「会話もできない」といった深刻な時期を過ぎて少しずつ回復が進んできたとき、家庭で子どもが普通に過ごす様子を見た親は「やっぱり怠けているのでは？」と否定的な対応をしたり、登校刺激をしたりすると、不登校初期よりさらに深刻な状態を招きます。

親にしてみれば、一日でも早く元の生活に戻ってもらいたいのですが、逆回転にスイッチを入れるようなもの。「不適切な対応をしてしまった」と気がついたら、すぐに改めましょう。

回復を阻害して深刻な事態を招く

逸脱行動

苛立ち
暴言・暴力
家出
感情のコントロールがきかない

恐怖感

外出できない
友達に会うのが怖い
昼夜逆転生活の継続

気力・意欲の低下

自室にこもって出てこない
入浴しない
会話しない
着替えない

自己否定感情の強化

消えていなくなりたい
自分はもうダメだ
生まれてこなければよかった

適切な対応に戻せば回復過程に戻る

不適切な対応によって深刻な事態に陥ったとしても、適切な対応に戻せば、時間はかかるが回復の過程に再び移行する。親は気がついたらすみやかに軌道修正して、子どもに寄り添い、受け入れて（78ページ）。

column

バーチャル学校とは？

自宅のパソコンやタブレットからオンラインで参加できるフリースクール。インターネット上の仮想空間「メタバース」に作られた校舎（バーチャルスクール）に登校し、自分の分身「アバター」を動かして、仲間と交流したり、クラス担任や学習指導員のもとで学習したりしながら一日を過ごします。

バーチャル学校は一部の都道府県でも構築が進み、東京都は2023年に「バーチャル・ラーニング・プラットホーム」がスタート。埼玉県や静岡県なども始動予定で、少しずつ広がりを見せています。

「不登校になってから親以外に話す相手がいない」「人と対面で話すのがつらい」「まわりのペースに合わせて行動するのが苦痛」「学校には行けないけれど勉強はしたい」といった子どもたちの新たな学びの場、居場所として認知されつつあります。

いずれにしても回復の段階が進み、本人が希望するようなら検討してもよいでしょう。

※出席扱い制度（99ページ）の適用になる場合もあります。

Part
4

不登校を乗り越えた親たちの声

このPartの内容は、『不登校 親こそ最大の支援者』『続 不登校 親こそ最大の支援者』（ぶどうの会編、京戸山荘出版）に掲載された親たちの手記に基づいています。手記の再録にあたっては原文を太字で引用しながら再構成し、表記や表現の一部を改めました。

親の声❶

間違った対応を続けた私が、今伝えたいこと

K・Uさん

子どもの不登校に直面したとき、親は「学校に行かせることが解決策」と、回復とは真逆の対応を取りがちです。K・Uさんも息子のAくんが不登校になったときの対応について、「ぶどうの会」（山梨不登校の子どもを持つ親たちの会）の参加をきっかけに、それが間違いだったことに気づきました。そして不登校の本質、親がやるべき支援などを学び、Aくんを回復に導きました。

あれから長い年月が過ぎ、Aくんが成人した今、不登校に悩んだ当時を振り返ります。

◆子どもに限界が来ると、学校に行きたくても行けなくなる

〈息子が学校に行けなくなったのは、中学2年の2学期、文化祭の翌日からです。担任やスクールカウンセラーにも相談し、できることはやっていたつもりでした。毎日のように繰り返す朝の抵抗、そしてようやく気づいたのが「この子は学校に行くことができないのだ。これ以上、無理に行かせられない」ということです。

親がそう思ったとたん、息子は学校に行かない生活に入りました。〉

ある日突然子どもが「学校に行きたくない」と言うのは、それまで子どもがつらくてもがんばって登校していたのに限界が来たということ。K・Uさんは「その時点で、いくら親が学校に行かせようとしても行けないこと」「すでにこの時点で、親子は離れた場所に立っていること」に気がつきました。

◆嫌がるAくんを無理に起こし、泣いた日も

〈あとになって気づいたのですが、休み始める前に息子はいくつかの信号を出していました。「眠れない」「部活と勉強の両立に悩んでいる」などと言い、朝起きられません。

当時の私は、まさかそれが不登校につながっていくとは思ってもみませんでした。「夜更かしをしないように」と声をかけたり、朝、起こしたりすることに一生懸命になりました。

（自分の）友達に「甘い。引きずってでも連れていけ！」と言われ、息子を無理やり起こしながら「やることやっているから」と自分に言い聞かせ、泣いたこともありました。息子が登校すると「息子は怠けているわけではなかった」と友達に話しホッとしていました。今思えば、もうずっと前から無理だったのを、親の思いで行かせていたのです。〉

◆私がやっていたことはNG対応の登校刺激

あとになり、K・UさんがAくんを学校に行かせるためにやっていたのは「登校刺激」（26ページ）と呼ばれる、やってはいけない行為だと知ります。

〈登校刺激をすればするほど息子は頑なになっていくように見えました。家で過ごすようになった息子がその頃を振り返って「（怠けているわけではないことを）信じてほしかった」と言ったことが忘れられません。〉

K・Uさんは「ぶどうの会」で多くの親の話を聞き、会報誌を読んで知ったことは、親子が置かれた状況は様々でも、子どもが不登校になってからの親の対応には、次のような共通性があることでした（以下、抜粋）。

親の気持ちを伝えようとする

・「否定的」「心配」などの気持ちを込めたまなざしを送る

・何をどう言ってよいかわからず、子どもの言動におどおどし、気を遣いすぎて何も言えなくなる

・子どものためになることを言いたい。（親が言ったことが）きっかけになり、よい方向に向いてほしい

規則的な生活を望む

・（学校に）行かないなら、家庭での生活を正そうとする

・ゲーム、パソコンを規制する

登校刺激

・友達が訪ねてくると喜んで迎える
・学校とのつながりをなんとか保とうとして、担任と話し合う。迎えに来てほしいと頼んだりする
・子どもの言動に一喜一憂し、「明日は学校に行く」と言うと喜び、行かないとがっかりする

再登校に向けた情報収集や先取りした助言

・動けないように見える子どもの代わりに情報を集め、子どもが立ち上がったときに備える
・（子どもから）希望や質問が出されると、要求していないことまで過剰に援助や助言をする

◆よかれと思う対応は、すべて間違っていた

K・Uさんは、多くの親が「よかれ」と思ってやってきたこうした対応が、実は子どもの気持ちを無視した対応だったことに、「ぶどうの会」への参加を通じて気がつきます。

そして親が間違えた対応に走る理由は「子どもは自力で動けず視野も狭く思考も停止しているから、代わりになんとかしてあげたい」「学校を休むことは受け入れても、心の底では学校に行ってほしいと思っている」などといった気持ちからです。

しかしそれは「実は子どもを認めていなかった」「よかれと思った対応が、子どもの立ち上がりの邪魔をしていた」と知り、Aくんへの日々の対応を改めます。

◆幸せな「今日」の積み重ねが将来の幸せにつながる

〈ぶどうの会で学び、つながり、話を聞いてもらい自分に向き合う機会ができたことで、家庭で試行錯誤の生活に戻っても「どうすればいいの？」と誰かに答えを求めてフラフラすることもなくなりました。それまでの私は、イソップ物語の「ロバ売りの親子」のように、周囲の目や意見に振り回され、何が正しくて何が間違っているのかの判断さえ危なくなっていました。〉

K・Uさんが長い時間をかけてたどり着いた思いは、「親も苦しいけれど、それ以上に苦しんでいるのは本人。子どもは学校を休んで心の傷を治療しながら、不登校を自分の問題として考えている。そんな子どもに親ができることは、やはり『子どもに寄り添い、立ち上がる力を信じて、任せて、待つこと』」。

〈成人を迎えた息子は自宅で絵を描き、ときどき出かけて自分を理解してくれる人と出会い、自分の居場所も見つけているだろうと想像しています。

「信じて、任せて、待つこと」は簡単そうで難しく「修行のようだ」と感じることもありました。でもそれを対応の基盤としてからは気持ちも安定してきました。私たち親にとって大事なのは、子どもがどんな状態でも揺れないで、ありのままを受け止め続けていくことだと思っています。

子どもが「今日、幸せであること」を願い、その幸せな「今日」の積み重ねが将来の幸せにつながっていくと信じています。〉

column

親が話すより、先に子どもの話を じっくり聞く

子どもが不登校になると、まず親は「言って聞かせなければ」と思うでしょう。「自分自身も学校に行きたくないときもあったが、こうして乗り越えた」など、親自身の経験がたとえ話になることもあります。先に「答え」を伝えることで子どもの気持ちが変わり、登校へと動き出すことを期待するためです。

しかし子どもは答えを聞きたいのではなく、自分の話をじっくり聞いてもらいたいのです。「親が先に話し出し、子どもが聞く」という関係では、子どもはなかなか自分の思っていることが言えません。その上「わかった？」と親に念を押されて、話を終わらせるために「わかった」と空虚な返事をすることもあります。親に求められるのは、言いたいことがあっても、「子どもが話し出すまで黙っていよう」という気持ちで待ち、子どもが話し出したらじっくり聞き、まずは子どもの話を理解することです。そうすると子どもは親が自分に向き合っていることを感じ、その後の親の話にも、耳を傾けるようになります。

親の声❷

ひとり親という葛藤を乗り越えて、得た宝物

T・Yさん

T・YさんはBくんが小学校に上がる頃から夫婦関係に問題を抱え、家庭内はギクシャクしていました。そうした中、Bくんは4年生になる頃から登校渋りを始めます。

◆毎朝「起きなさい」と怒り、息子の布団をはがす

〈その頃小学校で県から派遣された専門家による個別面談がありました。家庭環境、生育過程、家での様子などを聞かれました。

なんとなく「家庭に問題があるのでは？」と疑われているような印象を受けました。

息子は学校を休むけれどその日の夕方には元気になり、宿題や翌日の支度をして寝ます。が、翌朝はまた布団を頭からかぶって起きてこられません。「ずる休み」というフレーズが頭に浮かび、怒って布団をはぎますが、顔面蒼白で目に生気がなく、食欲もありません。そんな息子を起こして、学校に行かせるのが本当に正しいことなのか迷うこともありました。

でも、仕事から戻り、学校を欠席したのに居間でテレビをつけて笑っている息子を見ると、ついイライラして怒鳴ってしまいそうになり、言葉にできないもどかしさから家事をしながらため息をついていました。あるとき「いつも大きなため息をつく」と、息子は自分の部屋に入ってしまいました。〉

T・Yさんは「もしかして息子を傷つけたかな？」と思いましたがその予感はあたり、Bくんは心を閉ざします。

◆ひとり親になるという不安に押し潰される日々

夫婦の不和は続き、Bくんが中学2年生になる年に離婚。その年の夏休み明けからBくんは不登校になります。T・Yさんは不登校の理由を「離婚の話し合いが長引いたせい？」と思ったり「諍《いさか》いのない家庭になれば再登校するのでは？」と前向きに捉えたりするなど、心は揺れます。

さらにひとり親家庭になることについて「子どもを片親にしてしまううしろめたさ」「世間体」など、様々な不安が浮かびます（下参照）。

〈実家の親兄弟に離婚の相談はできても不登校のことは「育て方が悪い」と非難されそうで相談できませんでした。なぜなら「甘やかして育てたから」などと責められ、わかってもらえないばかりか、それらの言葉によって私たち親子が傷つくことを恐れたのです。〉

ひとり親になり、子どものことすべての責任を一

ひとり親になることで不安だったこと

子どもの人生の
様々な転機において、
自分一人で決める
責任感
子どもを
片親にしてしまう
うしろめたさ
世間体
自分が病気に
なったときの
こと
子どもの進学、
就職への影響
ミングル マザー
漠然とした
将来への不安
経済力

人で背負う重圧に苦しんだT・Yさんは、アドバイスを求めて心療内科を受診。「父親と母親の役割を担おうと無理しているが、その必要はありません」「きょうだいがいるなら皆で話し合い、できることをしてもらうとよい」など、様々な助言をもらい張り詰めていた気持ちは少し楽になったもののBくんとの隔たりは解消されないままです。そんな折「ぶどうの会」を知り、そのとき開かれた「親のつどい」に勇気を出して参加することにしました。

◆不登校はどんな家庭でも起こり得る

〈「親のつどい」に〉参加した方が一人ずつ状況をお話しする中、私の番となり、何も用意せずに話し始めました。「私は離婚して……」。心の声を発していました。今思えば、私のつらい境遇・心境をわかってほしくて、また「一人で悩んで大変だったね」と慰めてほしくて、出た言葉だと思います。

他の親御さんの話に耳を傾けると、子どもの状態

親の会に参加してよかったこと

- ひとり親で、世間に対して引け目を感じていたことや、子どもに対する罪悪感が軽くなった
- 子どもに寄り添うことの意味がわかった
- 同じ境遇の親とつながりが持て、心強かった
- 悩みを共感してくれる仲間の存在が大きかった
- 親の会で学び、親のとるべき行動について考えが深まった
- 子どもに向き合うことができた

や不登校へ至る経緯はうちとよく似ていました。けれど家庭の状況は違います。ご夫婦で参加される家庭もあり「夫婦間のきずなが深まった」とお話しされる方もいました。夫婦間で子どもへの対応に対して相違はあっても、夫婦仲が悪いわけでも家庭が崩壊しているわけでもありません。

「私もシングルマザーよ」「僕もシングルファザーだよ」。私の家庭に同調した意見が聞けるものとばかり思っていました。〉

これをきっかけにT・Yさんは、今まで自分の心のどこかに「親の離婚で子どもが傷ついて不登校になる」「親の身勝手さに子どもは苦しんでいる」「子どもは不登校という形で、親の離婚を止めようとしている」などという憶測が潜み、自分を責め続けていたことに気づきました。

〈ぶどうの会の勉強会で聞いた「不登校はどの家庭の子にも起こり得る」。この言葉から「親の離婚は不登校の原因の一つにはなってもすべてではない」。

そのように考えることができ、子どもに対して負い目を感じていたことが少しクリアされました。離婚したことでずっと抱いていた「子どもに対しての罪悪感」は少なくなりました。

「息子は傷ついてどうすることもできないでいるのに、自分のせいだとふさぎ込んでいるばかりでは何も解決をみない」「どうしたら以前のように息子と心から笑い合える日が来るのか」。〉

T・Yさんは「親のつどい」に参加したことで、子どもの気持ちにやっと寄り添い、考えていけそうな気持ちになれました（T・Yさんが親の会に参加してよかったと思うことは右ページ）。

◆息子の苦しみを受け止め、やっと迎えた雪解け

T・Yさんはその後も、親のつどいなどの勉強会に参加して、「不登校になる子は優しくて几帳面、素直でよい子」「親こそ最大の援助者だと心得て対応すれば、子どもは必ず立ち上がる」など、様々なことを学びます。そうして、「息子のすべてを受容

し寄り添う」と心に決め、それまでは能面のように怖いと思っていたBくんの目を見てしっかり話すようにしました。

〈「おはよう」「おやすみ」のあいさつはもちろん、目を見て話しかける。日常のなんでもないことを語りかける。できる範囲での頼みごとをする。あと（今まで不要と思っていた）こづかいを月に1度定期的に渡すようにしました。〉

そうした日々が続き、Bくんにも徐々に変化が生じ、普通の親子の会話ができるようになりました。

その後ちょっとしたトラブルがあり、Bくんは再び心を閉ざしてしまいますが、T・Yさんは声をかけ続けました。そんなある日のことです。

〈「昨夜は寝られず朝方やっと眠りについた。今夜も胸のあたりが苦しい。ざわざわして寝られない。病気かもしれない、精神科でもなんでもいい、今からでも医者に行きたい」。

夜11時、（息子の）その言葉から始まり夜中の2時過ぎまで不安な気持ちを話してくれました。停滞していた親子関係にやっと血が通い始めた瞬間でした。「落ち着け、そうだ、とにかく今は受容だ」。（息子が）頭痛も少しするというので肩を触るとパンパンです。肩をもみながらゆっくり話を聞きました。「自分なんか生きていてもしょうがない」「ゲームしても本を読んでも楽しめない」「夢がない」。（息子は）ひとり必死にもがき苦しむ言葉を発します。私は胸が熱くなり「今までひとりきりで悩んでいたね、ごめんね」と後ろから抱きしめて腕をさすっていました。ひとしきり話をして落ち着いたのか、息子は「これからはお互い遠慮しないで話をしよう。もう大丈夫。楽になったから寝られそうだよ」と言って2階に戻っていきました。その日を機に、私たち親子に会話が戻ってきました。〉

◆不登校に向き合って得た「たからもの」

〈思い返せば離婚と不登校の時期が重なったことで、私は混乱を極め、苦しみ悩みました。（息子に）寄り添えるようになるまで大変時間がかかりました。

「離婚して安心して暮らせるようになったら、再登校してくれるのではないか?」。そう願いながらも実際は心裏腹で、日常の会話もよそよそしく腫れ物にさわるように接していた日々。それでは息子の心に寄り添うことなどできるはずもありません。

今は息子も自由に外に出て、運転免許も取得して、未来に向いて歩いています。

ときどき息子がよちよち歩きを始めた頃のことを思い出し、あの頃は手をつないでいないと不安でしたが、今は手をつながなくても息子を信じ、その歩みを見守ることができます。

かつては見るのも聞くのも嫌だった「不登校」という漢字3文字の言葉。ですが、これに正面から向き合うことで得られたものは大きく、今では「たからもの」とフリガナをつけたいくらいです。〉

親の声❸

親の援助で不登校を克服し、医師の道へ

S・Iさん

Cくんが不登校になった直接のきっかけは、中学受験に失敗し、落胆した父親に無視されたこと。幼少期から塾に通って勉強をがんばってきたCくんが自信を喪失するショックな出来事でした。

◆一歩も家から出なかった息子に回復の兆しが

〈(別の)**中学に入り**(不登校の)**「前兆」はすぐに表れました。家で父親を避け、学校では無気力になり3学期頃から腹痛などで断続的に休むようになりました。不登校に突入した「**(不登校)**初期」が中2の5月です。それから6カ月間は学校に行けないつらさを訴え、暴言、家庭内暴力、自傷が続き、荒れた「**(不登校)**中期」でした。**

そんなある日、それまで必死に避けていた父親とばったり出くわすハプニングがありました。息子が「ボロクソに言われて傷ついた。絶対に許さない」と、それまでの苦しさをぶつけると父親が「すまなかった」と謝ったのです。〉

その後も自室にこもりゲーム三昧の日々は続きましたが、父親が謝罪した日を境にCくんは哲学書や心理学書などを読むようになりました。そうした「(不登校)終期」を経た半年後の初夏のことです。

〈「あ、片栗粉がない!」と叫んだ私の声に、そばにいた息子が「僕が買ってくる」と、コンビニへ飛び出しました。それまで1年の間、家から一歩も出ることのなかった息子の立ち上がりの第一歩です。〉

そこからさらに約2年かけて、Cくんは長いト

ンネルから抜け出しました。

◆お母さん、お父さん、変わったね！

〈不登校の初期は私も混とんとして、ただ苦しんでいましたが、不登校に関する書物や「ぶどうの会」などの関係機関で不登校の本質を知り、息子の心に寄り添ってから息子は落ち着いてきました。そして「お母さん変わったね」と言って、あのコンビニへの回復の兆しを見せたのです。〉

またS・Iさんは父親に「息子の心に寄り添ってほしい」と説得を続け、父親もCくんと向き合うようになります。するとCくんから「お父さん、変わったね」「今の生活に慣れてきた、気分がいい」という明るい言葉が聞かれ、少しずつ感情を表に出し、行動に移すようになりました。

〈私の誕生日の朝に「おめでとう」とひと言書かれたメモが置いてありました。翌月の父親の誕生日の前日に「（あのメモは）とてもうれしかった。お父

さんにも言ったら？」と話すと、メールを送ったようです。すると喜んだ父親から「いつでも、どんなときでも君の味方だよ」と返信が来たことをうれしそうに話してくれました。

また父親がパソコンの操作で困ったとき、私はチャンスと思い「お父さんに教えてあげたら」と話すと「そんなこともわからないのかな」と意気揚々と夫の部屋に行って教えていました。父親に認められたことがうれしかったのでしょう。

不登校になって1年半、初めてその日3人で夕食をとりました。それ以降、父親との会話も増え、夕食後は一緒にゲームをしたり、犬の散歩に出かけたりするまでになりました。

〈不登校になっても〉人と人の関わり方を改善して適切に対応すれば立ち上がるといわれます。息子も確執のあった父親との信頼関係を取り戻し、日常生活が少しずつ元にもどってきました。〉

そうして心が解放され、外に関心が向くようになったCくんは「習い事をしたい」と、習字と三味線を習い始めます。

〈いずれの先生も自然体で対応してくださり、先生との交流の中でも息子は自信を取り戻していきました。親、特に父親と第三者の先生方にあるがままの自分を受け入れてもらえたことで、不登校になり自己否定していた状態から自己肯定感を得て、自信につながったのでしょう。〉

◆「医者になる！」という力強い言葉が出た

習い事を始めてから1年後に三味線の発表会があり、Cくんにとっては大きな社会参加でした。Cくんの回復を確信したS・Iさんは、小・中学校の友人や知人を会場に招きました。

〈不登校になり、誰とも会わずに苦しみがんばってきて3年ぶりの皆との再会です。その日から自分の将来を真剣に考え話すようになりました。そして三味線の御家元の「若いのだからいろいろ学んだほうがいい」という言葉に押されて大学進学を決意。「医者になる！」と子どもの頃からの夢の実現を力強く意思表示したのです。不登校になって3年半の月日が流れていました。予備校に通い始め、1秒の時間も惜しんで勉強し、高認（高等学校卒業程度認定試験）に合格し、医学部への入学を果たしました。〉

◆立ち上がりの原動力は「プライド」

〈現在27歳の息子は「不登校になる入り口はそれぞれ違うけれど、立ち上がる力はみんな持っている。自分の経験を生かして力になり、命を助けたい」と、児童精神科医を目指してがんばっています。

息子に「立ち上がりの原動力はなんだったのか？」と尋ねると「プライド」とひと言答えが返ってきました。そのとき「あの頃、私の心を支えたのもプライドだったのかもしれない」と思いました。

どの子にも夢がありプライドがあり、そして人としての尊厳があります。それらを認め、親も毅然としたプライドを持って子どもの夢の実現に向けて支援していくことが、いちばん大切なのだと思います。〉

Cくんの立ち上がりまでの過程は、当時S・Iさんが不登校の克服の道筋について書かれた本で学んだことや、「ぶどうの会」で知った事例と同じような道筋をたどりました。ポイントは子どもが持っている「自己回復力」と「自己成長力」。これを発揮させるのが「安定した精神状態」「互いに信頼できる親子関係」「自由な感情表現」の３つの心の構築です。そのベースにあるのが「親の援助」（左ページ）です。

〈親の援助の基本的態度は、子どもの言動に受容と共感的理解の態度で接することだといわれます。受容とは「子どものあるがままの状態を無条件に受け入れる態度」のこと。共感的理解とは「子どもが感じ、考えていることそのままを理解しようとする態度」のことです。〉

親がこうした態度を取り続けると子どもは精神的に安定し、心の傷を癒やして立ち上がり、社会参加を果たします（下図）。お子さんの回復支援の参考にしてください。

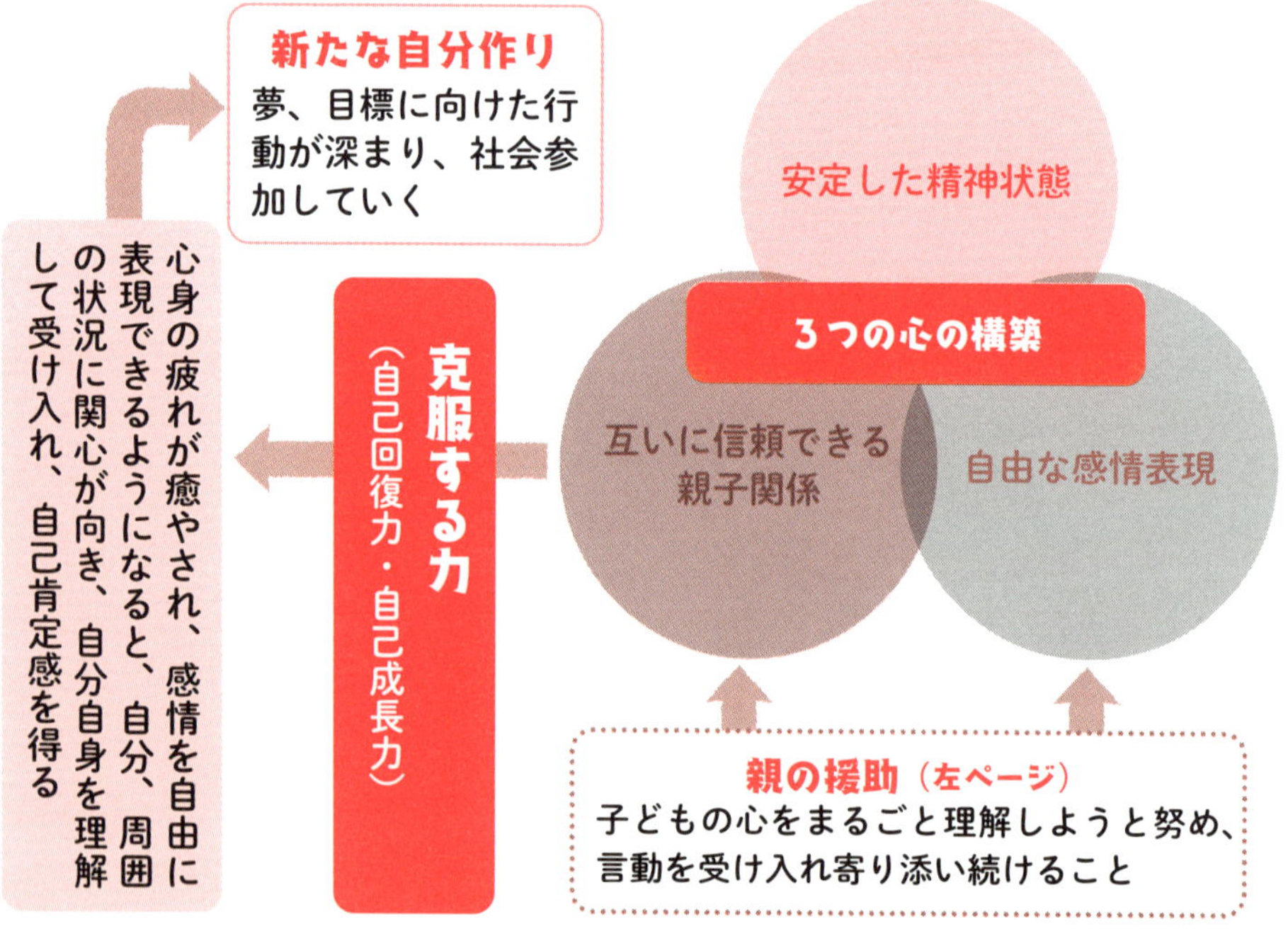

新たな自分作り
夢、目標に向けた行動が深まり、社会参加していく
心身の疲れが癒やされ、感情を自由に表現できるようになると、自分、周囲の状況に関心が向き、自分自身を理解して受け入れ、自己肯定感を得る
克服する力
（自己回復力・自己成長力）
安定した精神状態
３つの心の構築
互いに信頼できる親子関係
自由な感情表現
親の援助（左ページ）
子どもの心をまるごと理解しようと努め、言動を受け入れ寄り添い続けること

子どもの
立ち上がりを
応援する！

親の援助

共感的理解

子どもの考え、感じ方に共感して理解する。

受容

子どものあるがままの状態を無条件に受け入れる。

子どもを「信じて、任せて、待つ」

明らかに危険なこと以外は子どもに任せて、見守る姿勢を貫く。

安心できる居場所（家庭）を作る

家庭が安心できる居場所であるためには親が安定した状態でいること。回復までには時間がかかるのを承知して、焦る気持ちを抑えて腰を据え、子どものペースに合わせた対応を続ける。

普通の生活を続ける

子どもが不登校になると子どもへの遠慮などからピリピリ緊張した生活を送りがち。子どもはその空気を読んでプレッシャーを感じてつらくなる。努めて普通の生活を送ることが大切。

親の声❹

不登校のつらい経験が、親を成長させてくれた

H・Sさん

Dくんの様子がおかしいと気づいたのは、中学生になって間もない5月の連休明けのこと。「英語の授業が怖い、先生に指されるのが怖い。先生がハリセンを持っているのが怖い」と言うようになりました。Dくんが「指されるのが怖い」と言う背景には、あるこだわりがありました。

◆吐き気や腹痛が続き、ある朝、息子の体は固まった

〈それは「なぜ?」「どうして?」のこだわりでした。例えばアルファベットの「A」が、小学校のローマ字学習では「ア」と発音したのに、中学の英語の授業ではいきなり「エイ」と発音します。この理由がわからないままなんの説明もなく授業が進んでしまうことに息子は戸惑い、疑問を持ったのです。〉

これは不登校になるきっかけの一つですが、他にも部活の先輩のこと、校則のこと、制服のことなど、様々なこだわりがあり、なんとも正体のわからないモヤモヤした不安がDくんの心の中でぐんぐん膨らみます。吐き気や腹痛も続くようになり、とうとう6月の中間テストの3日目に体が固まってしまいました。

〈そのときの様子ですが、（朝）学校へ行こうと制服を着て、カバンを身に着けて準備していました。そして必死の思いで学校へ行こうとしていることが感じ取れました。でも「胸のあたりが苦しい」と言って玄関先で体がカチカチに固まってしまったのです。そばにいた父親はびっくりして「行かなくていい、

休め」と思わず叫んでいました。「まさかわが子が不登校に」の始まりでした。

なぜ「まさか」と思ったのか。それは小学6年生までは元気で心優しい友達いっぱい、釣り名人の息子だったからです。将来は「釣り博士になる」と作文に書いてありました。〉

そのことを裏づけるかのように6年生のときの担任が通知表に書いた言葉は「誰とでも仲よくすることができ、素直でユーモアがあって、いざというときの行動力には目を見張るものがあります。頼もしいDくんです」。それを見たH・Sさんは、Dくんは理想的に育ってきたと安心し、誇りにさえ思っていました。

◆まわりの人からの無理解な助言に傷つき苦しむ

〈そんな息子が中学生になったらなぜ不登校になってしまうのでしょう。「私たちの子育てのどこが間違っていたのだろう?」。私はもう絶望に陥ってしまいました。そしてまた身近な人たちからは特に母親の責任が問われるようになりました。

息子は（2人の娘に続く）3番目の子どもで、「初めての男の子で甘やかしたからだ」「過保護だったからだ」と責められました。また私が働き続けていたので「子どもをほったらかして仕事をしてきたから」とも言われました。父親はなぜかあまり責められません。わが家は私より父親のほうが子育てに関わってきたのですが。

さらにまた「本人の努力が足りない」「根性がない」「気持ちが弱い」「がまんが足りない」「だから不登校になった」が付け加えられ、私はさらに絶望感しかなく、私自身も息子に対して困難に立ち向かえない「弱い子に育ててしまった」と悔やみ、だからもうどうしてよいかわかりませんでした。〉

こうしてH・Sさんは追い詰められる一方で、解決の方向を示してくれる人は誰もいませんでした。

◆親が悪いわけでも子どもが悪いわけでもない

その年の夏、H・Sさんと父親とDくんは新潟で開かれた「不登校・登校拒否全国のつどい」に参加します。そこで「どの子も必ず立ち上がる」、（親は）「信じて、任せて、待つこと」がとても大事なことであることを学びます。心療内科医の講座では、昼夜逆転や部屋を散らかしたままなど、不登校の子どもの生活についても「本人にとって必要な行動」で、「いつか自分の意思で部屋をきれいにするようになる。今の行動が本人にとって目一杯の行動である」など、不登校の子どもの心理状況を知りました。

〈不登校になるのは、親が悪い、本人が悪い、問題児、問題行動だとずっと思っていたことが変わりました。親の子育てを責められれば、それはそれで振り返ると手抜きもあったし力不足もいっぱいあったことを認めます。でもそれだけが重要な原因ではないことを（全国のつどいで）教えてもらいました。〉

◆「もっとほっといてほしかった」と息子に言われて……

〈のちに不登校から立ち直り高校生になった息子は、「不登校だったとき、お母さんにはもっとほっといてほしかった。親は、木の枝に止まってこっちを見ていてくれるだけでいい」と、当時を思い出しながら語ってくれました。

この意味は「見捨てないで、見守ってくれればいい」ということでした。当時の私は、息子のつらい気持ちに寄り添っていなかったことを、あとになって教えてもらいました。

息子が不登校になってからは不安と焦りの日々でしたが、家族でキャンプに行ったり、わが家のベランダにふとんを敷いて親子5人で、しし座流星群を眺めて歓声をあげたりして、家族やまわりの人たちとの交流を大事にしてきました。

息子への深夜3時間の聞き取りと話し合いもとても貴重な出来事でした。〉

そうして不登校から1年半たった中学2年の秋、Dくんは週に一度、知り合いの英語の先生の家に出向いて教えてもらうことになり、そこで初めて、ローマ字ではAを「ア」、英語では「エイ」と読むこと、発音することの意味や法則を学び納得しました。

〈息子は中学生になってすぐにぶつかった疑問が

やっと解明できたと喜び、次に動詞、述語動詞がよくわかったと喜びました。英語への疑問、こだわりが解明されました。そのときの息子の晴れ晴れしたすがすがしい顔の表情は、今もはっきり思い出されます。〉

◆離島への転学が、不登校から立ち上がるきっかけに

中学2年の終わりに近づいた頃、Dくんは1カ月のネパール旅行を体験し、ヒマラヤの大自然と温かな人々に触れて帰国。旅行に行くまで好きな釣りをしてもどこか暗い表情だったDくんに、ようやく笑顔が戻りました。その後沖縄県の離島（鳩間島《はとま》）の中学校を見学し、転学を決意します。

〈中学3年の4月、鳩間島の中学に転学するとき、不登校だった地元の中学校の学年で、送別会を開いてくれました。あとでわかったことですが（息子は）「自分の不登校を120人の同級生に誤解されたまま転学したくない」と考え、また自分でも不登校の2年間を振り返り、二晩かかって話すことをまとめたようでした。その送別会があった日にもう一つ驚いたことがありました。ちょうどその頃、学校では年度初めの家庭訪問が計画されていましたが、私は「転学するのだから担任の家庭訪問は必要ない」と息子に言うと、息子は「（先生に）来てほしい」と。担任教師に最後に言いたいことがあったのです。そして家庭訪問に来た担任に、「先生、僕のことはもう心配しないででいい。その代わり学校に行っている大勢の友達のことをなんとかしてほしい。みんなつらい思いをして学校へ行っているんだ。先生はそっちのことをなんとかしてほしい」と訴えるように話しました。私はそばにいてびっくりです。昼夜逆転の生活で毎日つらい思いをしていた息子が凄いと思いました。〉

◆昔のような元気で優しい息子に戻った

その後Dくんは、約50人の島民が家族のように

暮らす、自然が豊かで文化芸術が根付き、遊びがいっぱいある鳩間島に移り住み、里親のもとから友達や先生たちとの信頼関係が深く根付いた学校に通い、「学校が楽しい」「勉強がよくわかる」と言うようになり、やっと以前の優しくてユーモアいっぱいの元気なDくんにひとまわり成長して戻ることができました。

〈あるとき〉島にいる息子がこんな話をしてくれました。「学校の行き帰りのあいさつのとき、島の人たちは僕たちの声の表情で心の内面を見抜くんだよ。（僕らの）表情から『今日は、元気がないな』とか、『どうした』と声をかけてくれるんだ」と。

転学して間もないとき、電話で「お母さん、Dは、元の自分に蘇ったよ」と伝えてくれました。のちに息子が大学生になったとき、「中学3年生で鳩間島に上陸したとき『自分は、生きていていいんだ、自分の考えていることを言ってもいいんだ』と直感したんだ」と話してくれました。

私はそのとき、息子が不登校のときに、生きるか

死ぬかを考えていたことを知らされました。鳩間島の学校に行くまでの不登校の2年間を、本人は親のつらさ以上に、もっとつらく苦しんでいたことに胸が締めつけられました。〉

Dくんは鳩間島の中学生活の中で高校進学はあまり考えていませんでした。しかし島の中学の先生の勧めでいくつかの高校を見学し、「こんな学校、行かなくちゃもったいない」と、気に入った私立高校に進学して充実した高校生活を過ごします。

◆子どもがワクワクしながら通学できる学校に

〈息子の不登校という経験が、私たち親を成長させてくれました。社会、学校、地域、人間としての生き方や家族、夫婦のあり方までも考え、気づくことができ、今になってみると息子の不登校で苦しんだことは意味のあることだったように思います。息子自身も、最近同じようなことを話してくれます。〉

そして今、H・Sさんが願うのは、毎年多くの不登校の子どもが生まれる現代の学校が「子どもが毎日ワクワクしながら楽しく通学できる学校」に変わること。

〈息子のように沖縄の学校まで行かなくても、「（勉強が）わかって、できて、（学びも遊びも）楽しい地域の学校」に、どの子も元気に通えることが普通の社会になればいいなと思います。

そして私自身は、「今生きている人間の苦悩や喜びに寄り添える、そして、ともに力を合わせ、乗り越えていく。そんな大人であり、親でありたい」と、つらかった子どもの不登校を経験した親として、今改めて思います。〉

column

母親が「仕事を続けるか」「やめるか」で悩んだら

　不登校の子どもの伴走者の多くは母親です。しかし母親が仕事をしている場合は、時間的、体力・気力的に思うようにいかないこともあり「仕事を続けたほうがいいのか？」「やめるべきか？」で悩みます。

　母親が仕事を続けるかどうかで悩んだときに注意したいのが「子どものために仕方ない」という思いで退職することです。子どもは「自分のせいでお母さんは仕事をやめた」とプレッシャーを感じますし、母親もあとで「あのとき仕事をやめていなければ……」と後悔することになります。「自分にとって仕事とは何か？」「仕事をやめたときの経済的な影響は？」など思考を広げ、「仕事をやめるか続けるか」の２択ではなく、職場に相談する、父親にも仕事を調整してもらって夫婦で協力するなど、選択肢を広げましょう。職場の理解があれば時短勤務やパート勤務への変更、一時的な休職など、あらゆる可能性が見えてきます。

親の声5

子どもが安心できる居場所を作るために

Y・Sさん

Y・Sさんは妻を病気で亡くしたあと、男の子と女の子、2人の子どもが不登校になりました。

今、当時を振り返ると「母親の死は不登校のきっかけに過ぎず、子どもたちにとって学校が安心できる居場所であれば、もっと回復は早かったのではないか」とY・Sさんは考えています。

短大教員として多くの学生を教えた経験と、子どもの不登校をきっかけに参加した「ぶどうの会」で学んだことから「不登校と子どもの居場所」について考えたことを綴ります。

◆子どもは学校に居場所を求めている

〈子どもが不登校になると、まわりの大人たちは原因探しを始めます。でも納得できる答えが返ってくることは、あまりありません。よくあるきっかけの一つに「いじめ」があります。そのとき大人たちはいじめっ子と話し合っていじめをやめさせます。「さぁこれで大丈夫。学校に行きなさい……」。でも、子どもはやっぱり行けなかったり、少しがんばって登校しても、また行けなくなったりします。〉

理由は、いじめそのものは解決したとしても、人に対する恐怖心や「また、いじめられるのではないか」という不安が心の傷になって残るため。

〈子どもは恐怖心から学校を休み、大人たちは将来への不安から登校させようとする……。お互い真剣だから対立は深刻化しがちです。

親が学校に求めるのは知識や経験、学歴など。子どもたちは「居場所」を求めているのだと思います。でも、大人たちの声のほうが大きいから、子どもたちの思いはかき消されてしまう。そして子どもたち自身も、大人たちの思いを自分に重ねてしまいます。

でも、大人たちは自分の不安を子どもたちに押し付けているだけではないでしょうか？　大人が不安でいる限り、子どもも不安なままだと思います。〉

◆努力は認めてもらえず自己否定感情が優位に

子どもが学校に行けなくなる原因の一つに、自己否定感情が形成されることもあります。例えば子どもが苦手なことを克服しようと努力したのに、思うような結果が得られない場合。褒められるのは他の子と同じようにできたり、テストでよい点を取ったりしたときだけ。その子が努力した部分については評価されません。すると子どもは「どうせ自分はダメなんだ」と自己否定感情にさいなまれます。

〈（私が教鞭をとっていた）**短大では、こういった**

「もういじめる子はいないのだから学校に行きなさい」

自己否定の気持ちをたくさん背負って生きている子どもを何人も見てきました。心の傷や自己否定を山のように抱えた学生が口癖のように、「俺、バカだから……」、「どうせわかんねーし」。

(私が)「いつでも好きなときに聞いていいよ」と言ったら、「先生に迷惑がかかるから……」。

なんと言ってあげたらよいのか、言葉に詰まってしまうことが幾度もありました。〉

◆「がんばれ」「全力でやればできる」に子どもは疲れ、傷つく

Y・Sさんは「子どもが学校に行けなくなるのは、学校に居場所がないからではないか」と考えます。

大人でも、例えば所属している組織の中に自分の居場所がないと感じたとき、その場に留まるのはつらいこと。大人の場合は過去の経験からうまくやり過ごせるかもしれませんが、子どもは大人のようにうまくはできません。

〈このようなときに「もっとがんばれ」「全力でやればできる」「甘えているだけだ」と言われると、子どもの心は大きく傷つきます。「努力」「全力」「怠け」。これらの言葉たちは、心の傷や疲れを否定するのです。「自分はがんばっていないんだ……」と感じた子どもたちは、自分を責めると同時に大人たちへの不信感を募らせることになりはしないでしょうか?

子どもたちは、家庭、学校、社会と居場所をステップアップしながら自分の世界を広げていきます。だから、このような大人に信頼されていない状況に非常に苦しむことになります。〉

◆親から受け取る「大丈夫!」で子どもは自分への信頼を取り戻す

反対に心が元気になるには、喜ばれたり認められたり、許されたり、必要とされたりすることです。

〈「人が喜んでくれた、だから自分は大丈夫」「人が認めてくれた、だから自分は大丈夫」「許してくれた、だから自分は大丈夫」。これらの出来事から、子ど

もたちの心は「大丈夫！」を受け取ります。

居場所とは、「大丈夫！」を受け取って自分への信頼を作り出す場なのだと思うのです。その中でも、親からの「大丈夫！」は特に重要な意味を持っています。子どもはいつでも親に認められたいという想いを持っています。子どもをいちばん身近な立場で親身に支える、親からの「大丈夫！」は、子どもにとって一番大切な居場所につながるのだと思います。〉

子どもは安心できる居場所（陣地）があって初めて心が外に向き、行動します。不登校の子どもが安心できる家庭でゆっくり休むことで、やがて自力で立ち上がれるのもそのためです。

〈子どもたちが安心できる居場所を作ることは、大人たちの責任だと思います。子どもたちは、守られてこそ、守られているという実感を得てこそ、健全に育つのだと思います。〉

親の声❻

子どもへの対応に苦しみ、見出した回復への道

A・Uさん

Eくんは小学生から登校渋りがあり、中学2年生で不登校になりました。一時は家庭内暴力にまで発展した体験からA・Uさんは「不登校の子どものの言動の一つひとつに意味があり、SOSである」ということに気づきます。この体験をもとに不登校になってからのEくんの状態と、そのときのA・Uさんの心情と間違った行動、そこから回復に向けて軌道修正されていく様子を振り返ります。

◆ある日突然、学校に行かなくなる

〈まず直面することは、子どもが学校に行かなくなる」という事態です。頭痛・腹痛など様々な身体症状（150ページ）が出ているため、私はそれが原因で学校に行けないと思い込んでいました。〉

ところが、のちにA・UさんがEくんから聞いた話では、「校則など、意味のないことを押しつけられる」「人格を評価されるのではなく、学力で評価される」「先生から不公平な扱いを受ける」などつらいことがあり、学校の雰囲気やチャイム音を聞くのも嫌になり、学校に行けなくなっていたのです。

当時、Eくんに見られた身体症状は次のようなものでした。

- **朝、特に頭痛がひどく、夕方には治る**
- **頭痛薬が効かない**
- **食べると腹痛が起こると思い、朝食を食べなくなる**
- **学校に行こうとすると腹痛に襲われ、トイレから**

出られない
・学校のある日の前日は、うどんなどお腹に負担の少ないものしか食べない
・土日祝日、友達と会う日は腹痛が起こらない

◆身体症状を治すことに必死になる

A・Uさんは、Eくんがどうしたら学校に行ってくれるのか、そればかり考えていました。また、頭痛や腹痛などの身体症状が治り、朝、起きられさえすれば学校に行ける、という思いも根強くありました。そしてこの現状をなんとか解決しなければならないと焦ります。このときの気持ち（心情）は次のようなものでした。

なんとか学校に行かせたい

・朝起きさえすれば学校に行けると思い込んでいた
・困った子だと思い悩み、どうしたら学校に行ってくれるのかばかりを考えていた

原因探しをする

・学校に行けない理由ばかり考えて、原因探しで時間が経過した
・夜遅くまで起きているので朝起きられないと思っていて、内科を受診したところ、起立性調節障害

（148ページ）と診断された

子育ての自責の念にかられる

・「親が子どもをなんとかしなくては」と思っていた
・自分の子どもが弱いのか、がまんが足りないのか、そんな子に育ててしまった自分に責任があると思い悩んでいた

学校との付き合いに悩む

・欠席の理由を考えることや学校の連絡を負担に感じ、疲れ果てた
・起立性調節障害と診断されたことで理由ができて、欠席することが正当化された気持ちになった。それでも毎日の欠席連絡は負担だった
・学校からのアプローチを負担に感じていたが、学校とのつながりがなくなるのも不安。特に受験期はどうしてよいのか思い悩んでいた

将来の不安が湧き上がる

・学校へ行かなければ就職もできない、結婚もできないと決めつけ、将来がとても不安になった
・学校に行って勉強さえしていれば将来進む道を選べると思っていた
・その年齢でなければ経験できないことを学校で経験してほしいと思っていた
・友達と交流がなくなり、孤立していくことがとても心配だった

こうした心情から、A・Uさんは次のように働きかけました。どれも登校刺激（26ページ）など、回復を妨げる行動ですが、このときはそれを知る由もありません。

・朝早く起きられるように夜早く寝かせようとした
・教室へ入れないのなら保健室や別室でもいいから、とにかく行かせようとした
・専門の方に相談して、一日も早く学校に行けるようにしてもらおうとしていた
・適応教室などに見学に行き、勧めた
・常識的なことや正論を言って子どもを説得した
・頭痛さえ治れば学校へ戻れると、頭痛専門外来や小児科など病院巡りに時間を費やした

◆乱れるEくんの生活を、なんとか元に戻そうとする

Eくんの生活行動は、学校に行っていた頃には考えられない不規則なものに変化します。

ゲーム三昧

・起きている時間のほとんどをゲームに費やし、眠らずにゲームをする

昼夜逆転

・夜中起きていて朝方眠りにつく
・深夜遅く寝て、午後に起きる
・昼夜逆転がぐるぐる回って、「朝起きて夜寝る」と普通の状態になったりもする

生活行動がくずれる

・お風呂に入らない
・その一方で一日に何回もシャワーを浴び、顔や手を頻繁に洗う（154ページ）
・何日も同じ服を着ている
・髪やひげは伸ばし放題
・部屋は散らかり放題
・部屋の窓もカーテンも閉め切って部屋にいる

食生活の乱れ

・家族との共有の食器を嫌い、自分専用の食器を決めて食事をする
・レトルト食品ばかり食べたり、急に食べられなくなったり。一度に大量に食べたり、逆に全く食べなくなったりした

こうしたEくんの生活行動の変化や食生活の乱れに対して次のような働きかけで、なんとか以前のような普通の生活に戻そうとします。

・昼夜逆転をなんとか直そうとした

・ゲームをさせないようにし、夜は寝かせようとした

・健康を害することが不安になり、とにかく規則正しく食事をさせようとした

◆「捉え直し」によって息子は変わった

A・Uさんは、不登校の背景に傷ついた心があるとは知らず、相変わらずEくんの身体症状を治すことばかり考えていました。その結果Eくんの心の叫びは物を投げる、壊す、自分の腕を切る、刃物を持ち出すといった暴力（151ページ）や自傷行為（152ページ）となって表れます。

この頃、「ぶどうの会」に参加するようになったA・Uさんは、身体症状が治れば学校に行けるのではなく、傷ついた心に寄り添い、子どもの心の傷が癒やされれば身体症状が治まるということを学び、Eくんへの対応がわかってきました。

〈息子にとって私は話をしたくなるような親ではなかったことに気づきました。「どうしてわかってくれないの？　わかってよ」という心が暴言や暴力となって表れたのだと思いました。

私がありのままの息子を受け止めることで息子は

変わっていきました。私が普通だと思っていたことは、普通でもあたり前でもありませんでした。普通という囚われを手放してみると、今までと違う世界に気づくことができました。

そして親自身が自分の心に向き合い問いかけることも大切だということに気づきました。それは自分の不安な思いの奥に潜む、子どもへの大切な思いです。そして親が子どもを心配している以上に子どもは親を心配していることにも気づきました。〉

こうした捉え直しによってEくんは変わり、前向きな言葉が聞かれ（下）、立ち上がりの兆しが見えてきました。そうして自分の意志で高校へ進学したのです。

〈息子の不登校を経験して、日常でのうれしいことや楽しいこと、穏やかなことはあたり前ではなく、とても幸せなことだと気づけたことが「宝物」だと感じています。わが家はこれからも色々とあると思います。心は揺れると思いますが、これからどうなるのか不安ではなく、これからどうなっていくのか希望にあふれる毎日となりました。将来のことばかり考えて不安になるよりも、今を大切に生きていこうと思えるようになりました。〉

立ち上がってきたときのEくんの言葉

学校に行ってみようかな
大人になってから、
なぜ中学のときに
勉強しなかったのか
後悔するんだろうなぁ
高校へ行きたい。
でも行けないかもしれない。
負けたくない
不登校って、
身体がSOS出して
いる状態なんだよね
子どもを信用
してほしい

column

子どもに「物を買ってほしい」と言われたときの対応

不登校で休養している子どもから「○○を買ってほしい」と要求されたら「なぜそれが欲しいの？」と聞いて、家計の許す限りその求めに応えましょう。まわりからは「甘やかしでは？」と怪訝《けげん》な顔をされるかもしれませんが、心が弱り傷ついている子どもは、親の愛情を確かめ、甘えたくて物を要求しているのです。「あれはいいけど、これはダメ」と親が判断すると、子どもは自分が全面的に受け入れられていないと感じます。

子どもの求め（甘え）に応えていると「そろそろ諭したほうがよいのでは？」と不安になりますが、子どもの求めを受け入れていく中で、やがてあまり物が欲しいと言わなくなります。

なお「○○を買ってあげるから学校に行くんだよ」と交換条件を出すのは、物で子どもの行動を変えようとしているに過ぎず、好ましくありません。

Part
5

児童青年精神科医が答える
不登校　心と体のQ&A

市川宏伸／監修

Q 娘が起立性調節障害（OD）と診断されました。これが治れば学校に行けるようになりますか？

A ODを治すことより、心を癒やすことを優先して。

起立性調節障害（OD）とは、自律神経※の働きが悪くなり、起立時に体や脳への血流が低下する病気です。朝、起きたときにめまい、頭痛、立ちくらみ、気分不快、ひどいときは失神することもあります。症状は朝起きたときから午前中にかけて多く、午後から回復してきます。

ODには主に、①起立性直後低血圧、②体位性頻脈症候群、③血管迷走神経失神、④遷延《せんえん》性起立性低血圧、の4つのタイプがあります（左ページ）。思春期を迎える小学校高学年から中高生にかけて多く、まわりの人から「怠けている」「がんばりが足りない」と誤解され、本人が自分を責めることもよくあります。

不登校の子どもの約3分の2がODを患うともいわれています。

親御さんの中には「うちの子は、もともとODがあるから朝起きられなくて不登校になる」と誤解される方がおられますが、ODが原因で不登校になるより、何かしらの精神的なストレスによって不登校になり、のちにODを伴うと考えたほうが自然です。

医療機関でODと診断されると、「不登校の原因＝OD」と捉え、親御さんが治療や生活習慣の改善に躍起になることがありますが、子どもを追い詰めるだけで、よい解決には至りません。

それよりも「学校に行けないのは子どもの心のSOS」と捉えて学校のことは気にせず、休ませることを優先しましょう。

起立性調節障害（OD）の種類

①起立性直後低血圧

起立直後に強い血圧低下および血圧回復の遅れが見られる。最も多いのがこのタイプ。

②体位性頻脈症候群

起立中に血圧低下を伴わず、著しい心拍数の増加を認める。

③血管迷走神経失神

起立中に突然血圧が低下し、意識低下や意識消失発作が起こる。

④遷延性起立性低血圧

起立直後の血圧心拍は正常で、起立から数分以内に収縮期血圧が寝た状態の15%以上、または20mmHg以上低下する。

※自律神経…交感神経と副交感神経があり、様々な内臓の働きを調節する。動いているときは交感神経、休んでいるときは副交感神経が優位になる。

Q 不登校になると頭痛や腹痛など体の症状を訴えるのはなぜですか？

A 心と体は密接につながり、ストレスから様々な身体症状が見られます。

「ストレス」とは、外部から刺激（ストレッサー）を受けたときに生じる緊張状態のこと。ストレッサーには、高温や低温、湿度、騒音や振動などの物理的なものや睡眠不足など生物的なもの、人間関係などによる精神的なものがあります。

犯罪に巻き込まれるなど大きなストレスを受けたり、小さなストレスでも慢性的にさらされたりすると、それに対抗しようと自律神経や脳ががんばって心身を動かしてくれます。しかしこのがんばりはいつまでも続かず、限界が来ると頭痛、腹痛、下痢や便秘、めまい、食欲低下、動悸など、様々な身体症状が生じることがあります。

不登校の子どもの場合、学校でのストレスが原因で頭痛や腹痛などが表れることがあります。内科的な病気を心配した親御さんが小児科を受診させても、多くは原因がわかりません。症状が出るのは決まって登校時間で、それが過ぎると症状が消えるため、「仮病」と思われ、親御さんは「またなの？」「どうせたいしたことないのだからがまんしなさい」などと言いがちです。

原因不明の身体症状は子どもの心が悲鳴をあげているサインと捉え、強圧的な態度はやめて、訴えをゆっくり聞き、受け止めてあげましょう。

Q 中学1年生の息子が口もきかず、すぐにキレて、物を投げたり壊したりします。

A 子どもを認めて、「自分は大切な存在」と気づかせることが大切です。

思春期の頃は、どの子も心が不安定で、ちょっとしたことで感情が爆発しやすくなります。不登校で家にいるのであれば、学校に行けないことへの自己評価の低さ、将来への不安、親御さんが子どもを否定的に見ていることを敏感に感じ取っているなどで、ちょっとしたことで攻撃性が高まることもあります。その場合、力で抑え込もうとしても解決せず、子どもの心は荒れたままです。

大事なことは、子どもが「自分は大切な存在だ」と気づくこと。そのためには親御さんが、子どもを認めて受け入れることです。子どもは自分の存在が肯定できると、次第に心が落ち着いて、攻撃的になる頻度が減ります。

Q

不登校の娘が、リストカットしました。なぜ自分の体を傷つけるのかわかりません。

A

批判せずに寄り添って、子どもを大切に思っていることを伝えて。

リストカットとは、刃物で手首などを切りつける自傷行為です。背景には親子関係の不安定さがあることが多く、表面的には親に反発しても、内面では親の愛を求め「自分は愛されている」という確信が持てない子が、リストカットに走りやすいといわれます。

自分の気持ちを人に伝えられず自分に向けている、強い見捨てられ感を抱いていて自分の気持ちをまわりの人にわかってほしい、自分に注目してほしい、という精神的な苦痛を和らげようとするために行為に及ぶこともあります。

また「今の自分は本来の自分ではない」「親に見放されるような自分には価値がない」といった空虚感を抱いていることもあります。そうした気持ちが高まると自分が自分ではないような感覚に捉われ、我に返るために体を傷つけることもあります。自分から自傷行為を知らせることもありますが、隠すこともあります。

学校生活の中で精神的なストレスを負い不登校になった子どもが、リストカットに走ることは珍しくありません。親御さんは「そんなことしてなんになるの？」「バカなことはやめなさい」と突き放さないで、「自分の体を傷つけたいほどつらいんだ」と、寄り添う姿勢が大切です。

そして「傷つけたくなったら話を聞くよ」「心配

している」「あなたを大切に思っている」ことを伝えましょう。

小学生ぐらいの子どもでは、頭を壁に打ちつける、皮膚に爪を立て続ける、などの自傷行為が見られることがあります。

ところで、子どもが自傷行為をすると親御さんは「このまま自殺を図るのでは……」と不安になります。しかし自傷行為と自殺行為の性質は異なり、自傷行為は、つらい感情や強いストレス、怒りなどを少しでも和らげたいと思うための行為です。自殺行為は死ぬために何かしらの行動を起こす行為です。

なお、子どもが「自分なんか生きていても仕方がない」「死にたい」など、「死」を口にするのは「死にたいほど苦しい。助けて！」というサインです。「死にたい」という子どもの話をよく聞いて、「どんなときでもあなたは大切な存在」ということを伝え続けましょう。

Q 不登校の息子が、何回も手を洗ったり、シャワーを浴びたりします。

A 無意味な行動だと思っても、無理にやめさせたりしないで。

不登校になり家で過ごすようになったら、やたら手洗いを繰り返し、何回もシャワーを浴びたりするようになった……。

親御さんにすれば不可解な行動ですが、医学的には「強迫行為」といって、無意味なことだとわかっていても、どうしてもその行為をせずにはいられず、繰り返してしまうことを意味します。

ご相談者の息子さんの場合、「自分の手や体が汚れている」と不安になり、手洗いやシャワーなどを繰り返すのでしょう。「手や体が汚れている」ということに執着すると、他のことが見えなくなる状態になってしまいます。性格的には几帳面で生まじめな子に多く、何かしらのストレスを抱えたときに生じやすいといわれます。

子どもが何回も手洗いやシャワーに行くと、つい「さっき洗ったばかりでしょう」ととがめたくなりますが、制止すると反発して強迫行為がエスカレートすることもあります。「こういう状態が何年、何十年も続くことはない」と割り切って捉えることが大切です。日常生活が立ち行かなくなるほど強迫行為が悪化するようなら、薬物治療も可能ですので児童精神科医に相談してみるとよいでしょう。

なお「子どもが要求するから」と石鹸などを買いだめするのは、強迫行為に拍車をかけるだけなので、必要以上に買わないようにしましょう。

Q 息子が部屋に閉じこもりインスタント食品ばかり食べています。栄養不良が心配です。

A 普通の食事をするかどうかは、子どもに任せましょう。

不登校になると食事をしなくなる子どもはよくいます。「学校に行けない自分が許せない」という自己否定の気持ちから食欲が落ちて、全く食べなくなることもあります。またご相談者のように子どもがインスタント食品ばかりを食べていると、「栄養不良から病気になってしまうのでは？」と心配になることもあります。この場合、食事をドアの前に置いたり、「食べなきゃダメ」と、無理に食事を勧めたりする必要はありません。

例えば栄養状態の偏りから胃の調子が悪くなったり、口内炎ができたりするなど不調が出て「これではいけない」と本人が思えば、やがて普通の食事をするようになります。大切なのは「どうするか」を子どもに選ばせること。それにより子どもは「今の自分を認めてくれている」という安心感を得て、次の段階に進みます。

Q

不登校の息子は空気が読めず、友達付き合いが苦手。この先学校や社会からはじかれるのではないかと心配です。

A

マイナス面を指摘せず、子どもの特性をまわりが理解し、手を差し伸べて。

「人の気持ちが読めず、思いついたことを口にする」「ゲームなどの順番が待てない」「人の話を聞かない」などは、本人に悪気はなくても、まわりには「配慮がない」「自分勝手」とうつります。そのため友達とトラブルになることも多く、クラスで浮いた存在になったり、いじめに発展したりして、そこから不登校になることがあります。

冒頭で述べたような特性のある子には「発達障がい」(神経発達症)が隠れていることもあり、もしそうだとしたら、本人の力ではどうすることもできません。学校や親御さんなどまわりの理解と支援が必要です。

問題なのは、発達障がいがあるのに気づかれず、見えている症状(その子の言動)を大人が指摘して、正そうとすることです。これが続けば続くほど、子どもはストレスがたまり、常に「どうせ自分はダメだ」と自己否定するようになります。

「もしかしてうちの子は?」と思ったら、発達障がいを診ている児童精神科医に相談してみましょう。すぐに診断がつかなくても、その子が生きやすくなるためのアドバイスをもらうことができます。

なお、「発達障がいのある子が不登校になる」と誤解されることがありますが、「発達障がいがあることに気づかれない子どもが、生きづらさから不登校になる」という認識のほうが正しいでしょう。

発達障がい（神経発達症）のタイプ

次のようなタイプがあり、複数が混在していることもあります。

自閉スペクトラム症（ASD）

人の気持ちや場の状況が読みにくいなど、社会的コミュニケーションの欠如を主とし、同じ行動を繰り返すなど反復的な行動様式が特徴。

注意欠如多動症（ADHD）

常に動いている（多動）、すぐにカッとなる（衝動性）、忘れ物が多い（不注意）など、「多動・衝動性」、「不注意」が主な特性。ほとんどが12歳までに症状が見られる。

発達性学習症（限局性学習症・SLD）

全体的な知的発達の遅れはないものの「話す」「書く」「計算する」など、ある特定の能力を習得したり使用したりすることに著しい困難を示す。

発達性協調性運動症（DCD）

箸やはさみを使う、靴紐を結ぶなど手先を使う動作が極端に苦手。また階段の昇り降りや運動など、体を動かすことが苦手で、両足を揃えて行進するような協調性の必要な運動は特にぎこちない。

知的発達症（知的能力障害）

知的能力が低く、軽度、中等度、重度に分けられる。

全国どこからでも
参加できる!

ぶどうの会（山梨不登校の子どもを持つ親たちの会）

特別な入会条件はなく、どなたでも参加できます。入会ご希望の方は、以下までメールまたは電話、FAX でご連絡ください。ぶどうの会より申込書をメール、または郵送でお送りいたします。

●入会申込先

ぶどうの会／山梨不登校の子どもを持つ親たちの会
代表：鈴木正洋
〒 405-0061　山梨県笛吹市一宮町石 2359-102
TEL：0553-44-5078　FAX：0553-44-5079
携帯：090-3243-2658
メール　budoonokai@gmail.com
ホームページ　https://budonokai.jimdofree.com

●年会費　3000 円
●会員には毎月、定例会案内、ぶどうの会発行のおたより、ニュースなどをお届けします。
●定例会参加費　500 円（非会員は 800 円）
※定例会は会場参加もしくはオンライン参加ができます。

●参考文献

『不登校　親こそ最大の支援者』『続　不登校　親こそ最大の支援者』
（共に京戸山荘出版）

『ゆっくりでいいんだよ―　不登校と子どもの声』
（鈴木はつみ・著、梅原利夫、増山均・協力／新日本出版社）

『不登校　親の体験記　心から心へ』
（山梨不登校の子どもを持つ親たちの会「ぶどうの会」編（新科学出版社）

『子どもの表情・しぐさ・行動がちょっと変だな？と思ったとき読む本』
（監修・市川宏伸／主婦の友社）

●監修

鈴木正洋（すずき　まさひろ）

山梨県笛吹市在住。1944年山梨県都留市生まれ。1962年山梨県立機山高等学校電気科卒業。山梨勤労者医療協会勤務（10年）。一宮町議会議員（10年）。2019年3月自営業退職（高圧電気保安管理業務を55年間就任）。わが子の不登校の体験から2006年 3月、妻の鈴木はつみ（事務局長）と「ぶどうの会」（山梨不登校の子どもを持つ親たちの会）を設立。同会代表。

●著書　『不登校　親こそ最大の支援者』（京戸山荘出版）、『不登校だった僕と島の物語』（ふきのとう出版）、『不登校　親の体験記　心から心へ』（新科学出版社）他。

市川宏伸（いちかわ　ひろのぶ）

児童青年精神科医。1970年東京大学大学院薬学系研究科修了、1979年北海道大学医学部卒業、1989年医学博士（東京医科歯科大学）。東京都東村山福祉園医務局長、東京都立梅ヶ丘病院院長、東京都立小児総合医療センター顧問を経て、日本発達障害ネットワーク理事長、日本自閉症協会会長、埼玉県発達障害総合支援センター長、強度行動障害医療学会代表、元・日本児童青年精神医学会理事長。

●著書　『子どもの表情・しぐさ・行動がちょっと変だな？と思ったとき読む本』（主婦と生活社）、『思春期のこころの病気』（主婦の友社）他多数。

●監修　『AD／HD（注意欠如／多動性障害）のすべてがわかる本』『子どもの心の病気がわかる本』（ともに講談社）、『これでわかる自閉スペクトラム症』『子どもと家族のためのADHDサポートブック』（ともに成美堂出版）他多数。

●staff

イラスト／内田コーイチロウ

本文デザイン／森　裕昌（森デザイン室）

編集・構成／西宮三代（株式会社かぎしっぽ）

これでわかる不登校

監　修　鈴《すず》木《き》正《まさ》洋《ひろ》　市《いち》川《かわ》宏《ひろ》伸《のぶ》

発行者　深見公子

発行所　成美堂出版

〒162-8445　東京都新宿区新小川町1-7

電話(03)5206-8151　FAX(03)5206-8159

印　刷　大盛印刷株式会社

ISBN978-4-415-33452-3

落丁･乱丁などの不良本はお取り替えします

定価はカバーに表示してあります